LETTRES DE SAINTE HÉLÈNE.

(a) la route de Ronco à Arcole rencontre à demi chemin l'alpon et dela suit la rive droite de ce petit ruisseau jusquau point que tourne perpendiculairement à droite et entre dans le village. les croates étaient bivouaqués la droite appuyée au village, la gauche vers l'embouchure sur la rive droite de l'alpon. par ce bivouac ils avaient devant leur front de (suivre

(a) le matin [illegible] accable au vestu accroitre à demi chemin l'alpon mit la [illegible] droite et la [illegible] une [illegible] pour que tourne perpendiculair [illegible] en bataille les croates chemin bivouac [illegible] le premier au alpon [illegible] [illegible] dela une dortes [illegible] petit bivouac il [illegible] dela une [illegible]

de Ronco à arcole —

Dont il n'était séparé que par la rivière en tirant devant eux ils prenaient en flanc la colonne dont la tête était sur arcole

Ronco à arcole ~~—— —— ——~~ ~~————~~ [illegible] [illegible] par [illegible] une [illegible] il [illegible] [illegible] [illegible] jusqu'à la tête était si [illegible]

arcole

marais

adige

Chemin de Verone

(a) , la route de Arcole à vient
dela suit la rive droite du ce petit
perpendiculairement à droite et ce qu'
[illegible] la droite appuyé au

[illegible] à droite [illegible]

[illegible]

il [illegible]

CORRESPONDANCE

DE

GUILLAUME WARDEN, Chirurgien,

À BORD DU VAISSEAU DE SA

MAJESTÉ BRITANNIQUE,

LE NORTHUMBERLAND,

QUI A CONDUIT

NAPOLÉON BUONAPARTE

À L'ISLE

DE SAINTE HÉLÈNE.

NON EGO, SED DEMOCRITUS DIXIT.

BRUXELLES:

CET OUVRAGE SE TROUVE CHEZ T. PARKIN,
EDITEUR DU " PHILANTHROPIST,"
NO. 809. MONTAGNE DE LA COUR, ET CHEZ TOUS LES LIBRAIRES
DES PRINCIPALES VILLES DES PAYS-BAS.

1817.

Imprimé par T. Parkin,
a l'Imprimerie Anglaise, Bruxelles.

INTRODUCTION.

AYANT voyagé comme chirurgien à bord du vaisseau qui a conduit Napoléon Buonaparte à l'isle de Sainte Hélène, et y ayant demeuré plusieurs mois, les informations que l'on prit sur son compte à mon retour en Angleterre furent si fréquentes et si réitérées, que je puis dire avec raison que la curiosité qu'avait excitée cet homme extraordinaire, me mettait dans un état de persécution pour ainsi dire continuel.

Les circonstances où je me trouvais à cause de ma profession, m'avaient fourni plusieurs occasions de m'entretenir avec lui, ainsi qu'avec les principaux personnages de sa suite; et je puis dire, que surtout pendant le voyage, j'ai vécu avec eux sur le pied d'une intimité véritable.

J'avais consigné dans mon Journal la substance de plusieurs conversations que j'ai eues avec lui et ceux qui l'accompagnoient, lesquelles, en y joignant les détails que m'a fournis ma mémoire à mesure que j'écrivais, font la matière des lettres suivantes. Cependant je n'ai jamais cru qu'elles s'étendraient au-delà du cercle de mes amis, et ce n'est que pour leur plaisir qu'elles furent composées. Mais partout où j'allais, on exprimait le désir de les voir publier ; la circonstance la plus minutieuse à l'égard de la situation actuelle de Napoléon me parut exciter un intérêt extraordinaire ; et j'ai consenti, malgré moi, à devenir Auteur, cédant à des instances auxquelles je ne savais comment résister, et auxquelles j'avais quelque raison de croire, que je me serais refusé en vain. Il ne m'appartient pas de juger, si ces lettres répondront à l'attente générale de ceux qui les ont vues, ou de ceux, en plus grand nombre, qui en ont seulement entendu parler. Tout ce que je puis dire en leur faveur, c'est que tout ce qu'elles contiennent est vrai, et que chaque conversation a été rendue avec la plus grande exactitude.—Je ne crois pas nécessaire d'en dire davantage sur ce sujet.—La justice que je me dois ne me permet pas d'en dire moins.

GUILLAUME WARDEN.

———

Le *Fac Simile* de l'écriture des hommes extraordinaires, étant, à ce qu'on m'a dit, un objet particulier de curiosité, j'ai placé dans cet ouvrage des caractères de la main de Napoléon, dans une note sur l'esquisse que le Général Bertrand avait faite de la bataille d'Arcole.

LETTRES

DE SAINTE-HÉLÈNE.

&c. &c. &c.

———

EN MER.

MON CHER AMI,

Ce n'est certainement pas la première fois que j'ai eu lieu de me récrier sur ce qu'ont d'étrange et d'inattendu certains évènemens de la vie ; combien de fois n'arrive-t-il pas que le calme du jour est suivi par l'orage du lendemain, et que le cours ordinaire de la nature est interrompu par un phénomène, que le philosophe lui-même ne saurait expliquer :—mais le monde politique n'est pas moins fécond en merveilles que le monde physique.—Rien, selon moi, n'aurait pu paraître moins vraisemblable au Capitaine Maitland, quand il reçut ordre de croiser devant Rochefort, que la reddition volontaire de l'Empereur de France, et de sa suite, avec son bagage, à bord du *Bellérophon*. On pouvait supposer

A

la capture du bâtiment sur lequel il aurait pu tenter de s'échapper ; cette attente était assez naturelle, vû que l'évènement était dans l'ordre des probabilités ; mais la manière dont cet homme extraordinaire s'est rendu au capitaine, doit l'avoir pris par surprise, ce qui ne pouvait lui arriver dans l'exercice d'aucune autre partie de son service.

En effet, pour comparer les petites choses avec les grandes, je ne puis accorder avec mes idées habituelles sur les probabilités, le sujet de mon épître, et la pensée que cette lettre, que vous deviez naturellement attendre de moi, contient, au lieu des détails ordinaires d'un voyage de mer, une relation de la conduite, et des particularités du caractère de Napoléon Buonaparte, particularités dûes aux occasions favorables que me fournissoit ma position.

L'attention excitée par ce personnage extraordinaire a été télle, ainsi que l'affluence des bateaux et autres bâtimens remplis de spectateurs curieux (accourus des parties les plus éloignées de l'Angleterre et même de Londres, pour jetter un coup-d'œil sur lui, autant que le permettait la distance à laquelle on était forcé de se tenir du *Bellérophon*, tandis qu'il se promenait sur le pont de ce vaisseau ; toutes ces circonstances, dis-je, sont de telle nature, que je me trouve suffisamment autorisé à croire que les moindres particularités qui le concernent, lui et sa suite, seront bien accueillies de vous et de ceux de nos amis communs auxquels vous jugeriez à propos de communiquer ces lettres : et une chose sur laquelle vous pouvez compter, c'est que, de tous les incidents dont je vous ferai part, qui sont arrivés après que Napoléon était venu à notre bord, il en est bien peu que je n'aie vus et entendus moi-même. Ma narration, tant soit peu décousue, car elle est telle nécessairement, aura au moins le mérite de l'authenticité, si elle n'en a pas d'autre.

J'ai fait mention de tout ce qui est arrivé à notre illustre passager ; et je continuerai de même, en employant le mode le plus convenable à un marin, c'est à-dire, en adoptant la forme d'un Journal. Vous ne devez donc attendre qu'une série d'articles détachés, un récit des évènements domestiques, si l'expression m'est permise, à bord d'un vaisseau, tels qu'ils ont eu lieu, depuis que l'ex-Empereur s'est offert à mes observations ; et je commencerai par son court trajet du *Bellérophon* au *Northumberland*.

Le trois Août 1815, le vaisseau de sa Majesté Britannique le *Northumberland*, Capitaine Ross, portant le pavillon de l'Amiral Sir George Cockburn, choisi par le gouvernement pour cette mission importante, leva l'ancre de Spithead, et, après avoir lutté contre le vent contraire, se trouva de très-bonne heure en vue de Berry-head, pointe formant l'extrémité de Torbay. Il y fut joint par le *Tonnant*, Capitaine Brenton, sous le pavillon de Lord Keith, Amiral de la Flotte de la Manche, de conserve avec le *Bellérophon*, Capitaine Maitland ; ce dernier vaisseau ayant à son bord Napoléon Buonaparte. Aussitôt que les signaux furent échangés avec le vaisseau qui s'approchait, une salve fut tirée par le *Northumberland*, et il y fut répondu par le *Tonnant*. Lord Keith, après avoir eu une entrevue avec Sir George Cockburn, jetta l'ancre sous Berry-head, pour échapper, à ce qu'on supposa, à la vive curiosité de plusieurs visiteurs, qui étaient venus dans toutes sortes de navires, et qui environnaient continuellement le *Bellérophon*. Le reste de la soirée se passa sans aucun évènement remarquable.

Le lendemain matin, le Comte de las Cases, Chambellan de l'ex-Empereur, vint à notre bord afin de prendre les arrangements nécessaires au sujet de son maître. Le bagage suivait ; et je n'entreprendrai pas de décrire la curiosité universelle et inquiète qui se manifesta sur le navire, pour examiner les effets du personnage extraordinaire auquel ils appartenaient ; dernières propriétés d'un homme qui avait naguères commandé aux arts, à l'industrie et aux productions de tant de Royaumes ; mais leur vue ne satisfit nullement l'attente que leur arrivée avait fait concevoir. On remarqua pourtant une cassette de bois d'acajou, ornée des armes Impériales ; mais le reste n'avait pas meilleure figure que les effets d'une troupe de Comédiens ambulans.

Le Comte de las Cases n'a que cinq pieds un pouce de hauteur, et paraît avoir cinquante ans ; il a la figure maigre et le front ridé : il portait l'uniforme de la Marine Française. Il ne resta qu'une heure à bord du *Northumberland ;* mais pendant qu'il expédiait l'affaire dont il était chargé, sa petite stature ne manqua pas de donner lieu aux remarques des spectateurs curieux.—Je présume, que plusieurs d'entre eux s'attendoient à voir des figures *Herculéennes* employées au service d'un homme qui avait depuis peu foulé aux pieds une grande partie de l'Europe.—S'ils ont éprouvé de telles impressions, ils avaient sans doute oublié, (s'ils l'ont jamais su) qu'Alexandre le grand, ce puissant dominateur des nations vaincues, est représenté dans l'histoire comme un homme d'une taille fort peu imposante ;—et en effet, ils devaient être bientôt convaincus, que Buonaparte lui-même n'avait rien moins qu'un extérieur athlétique.

Depuis onze heures jusqu'à midi, nous nous pré-
parâmes à recevoir Napoléon sur notre bord :—et Lord
Keith, comme on le croira aisément, par un ménagement délicat et noble pour sa situation et l'état de son
ame, ne voulut pas recevoir les hommages dûs à son
propre rang, afin qu'ils pussent, dans toute leur étendue,
se diriger vers l'ex-Empereur, dont les titres sonores
s'étaient évanouis avec le pouvoir qui en était la
source.

Le rang de Général fut considéré comme répondant
à tout ce qu'il avait droit d'attendre d'un Gouvernement qui ne l'avait jamais reconnu en aucune autre
qualité. Une Garde de Capitaine de la Marine se
rangea sur la poupe, pour attendre son arrivée, avec
l'ordre de présenter les armes et de battre le tambour
trois fois ; salut ordinaire pour un Officier-Général au
service Britannique. La barque du *Tonnant* arriva
au *Northumberland* quelques minutes après qu'elle
avait quitté le *Bellérophon*.—(J'ai entendu dire que
la conduite de Buonaparte à bord de ce dernier vaisseau avait tellement eu pour objet de gagner la bienveillance générale, que son départ ne fut pas accompagné de la moindre marque d'improbation ou de dédain, mais de cette espèce de silence solemnel qui règne
à la fin d'une exécution publique.)—Notre pont était
couvert d'officiers, et il s'y trouvait aussi quelques individus d'un rang supérieur, attirés par des motifs de

curiosité. Outre l'objet de l'attention générale, la barque contenait Lord Keith et Sir George Cockburn, *le Maréchal Bertrand*, qui avait partagé toutes les fortunes diverses de son maître Impérial, ainsi que les *Généraux Montholon* et *Gourgaud*, qui ont été ses Aides-de-Camp, et qui en conservent encore le titre. Comme la barque approchait, la figure de Napoléon fut bientôt reconnue, à cause de la grande ressemblance qu'elle offrait avec les gravures placées aux croisées des boutiques. Les soldats de la Marine occupaient le front de la poupe, et les officiers se tenaient sur le tillac. Un silence universel se fit quand la barque atteignit le flanc du vaisseau, et il régnait sur les traits de tous les spectateurs une sorte de gravité et d'anxiété, qui dans l'opinion des autres, ainsi que dans la mienne propre, ajoutait beaucoup à la solemnité de la cérémonie.

Le Comte Bertrand monta le premier, et ayant salué, se retira quelques pas en arrière pour faire place à celui qu'il considérait toujours comme son maître, et en présence duquel il paraissait se croire encore obligé à l'hommage le plus respectueux. Tout l'équipage du vaisseau parut en ce moment dans une attente telle que l'on respirait à peine. Je ne puis mieux vous donner l'idée de l'intérêt que Napoléon inspirait exclusivement à tous ceux qui se trouvaient à bord, qu'en vous disant que Lord Keith, malgré le rang distingué qu'il occupe dans la Marine, étant Amiral en chef de la Flotte de la Manche, à laquelle nous appartenions, dans son grand uniforme, et orné de toutes les décorations des ordres dont il est revêtu, non-seulement ne produisit que peu de sensation, mais même fut à peine apperçu.

Buonaparte monta sur le vaisseau ; et se trouvant à pied ferme sur le tillac, il ôta son chapeau à la garde, qui lui présenta les armes, et il se fit un roulement de tambour. Les officers du *Northumberland*, qui avaient la tête découverte, se tenoient à plusieurs pas en avant. Il s'approcha d'eux, et les salua avec la politesse la plus aimable. Il s'adressa alors à Sir George Cock-.burn, et lui demanda promptement le Capitaine de vaisseau, qui lui fut immédiatement présenté ; mais voyant qu'il ne parlait pas Français, il s'adressa successivement à plusieurs autres, jusqu'à ce qu'un officier d'artillerie lui repliqua dans cette langue. Alors Lord Lowther et l'honorable Mr. Lyttleton furent introduits en sa présence ; et quelques minutes après, il exprima le désir, plutôt par gestes que par paroles, d'entrer dans sa cabine, où il demeura à-peu-près une heure.—Il portait l'uniforme de Général d'Infanterie Française, quand elle formait une partie de son armée. Le frac était vert avec des parements blancs ; le reste de son habillement était blanc, avec des bas de soie blancs et des escarpins garnis de boucles d'or ovales. Il était décoré d'un ruban rouge et d'une étoile, avec trois médaillons attachés à sa boutonnière. Un d'eux représentait la couronne de fer, et les autres, les différents grades de la légion d'honneur. Son visage était pâle, et sa barbe longue. Son aspect, en général, annonçait qu'il n'avait pas bien passé la nuit précédente. Son front est légèrement couvert de cheveux noirs, ainsi que le dessus de sa tête, qui est large et singulièrement applati; les cheveux de la partie postérieure sont touffus, et je ne pus y appercevoir le moindre mélange de blancs. Ses yeux, qui sont gris, sont dans un mouvement continuel, et se portent rapidement sur tous les objets qui l'environnent. Ses dents sont belles et bien rangées; son cou est court, mais ses épaules sont bien proportionnées. Le reste de sa figure, quoique un peu gros, est néanmoins très-agréable. On trouvera, peut-être, que j'ai été trop minutieux dans la description de ce personnage remarquable;—mais j'ai cru que vous attendiez de moi cette exactitude, et que votre curiosité prédominante sur ce sujet devait être satisfaite. Au reste, je dois être naturellement disposé, par mes études, ma profession et mes habitudes, à examiner la figure humaine sous le rapport physiologique; et dans des occasions particulières, ainsi qu'avec des objets particuliers, j'ai quelquefois hasardé (car je puis vous l'avouer sans difficulté) de me livrer à des rêveries sur la conformation du corps humain, et de déduire des notions, quoique peut-être fausses, de la comparaison de la forme et de la figure corporelles, avec les facultés intellectuelles et les dispositions qui nous dirigent.—En effet, je suis prêt à confesser que j'ai eu la présomption de trancher un peu du *Lavater* avec l'ex-Empereur de France et Roi d'Italie :—mais je ne vous ennuyerai pas, quant à présent, du résultat de mes folies.

A son retour sur le pont, il engagea la conversation, environ une heure avant le dîner, avec Lord Lowther, Mr. Lyttleton et Sir George Byngham.—Il se plaignit beaucoup de la sévérité avec laquelle il était traité, et d'être obligé de passer le reste de ses jours sur le rocher de Sainte-Hélène, sans cesse battu par les tempêtes au milieu de l'océan ; il déclara qu'il ne pouvait comprendre ni la politique ni les craintes de l'Angleterre, qui la portaient à lui refuser un asyle, maintenant que sa carrière politique était terminée. Il réitéra ses questions sur ce point, avec beaucoup de véhémence ; mais ce serait prendre une trop grande liberté avec Mr. Lyttleton, qui était son principal interlocuteur, que de répéter les réponses de ce gentilhomme d'après le rapport d'autrui. J'observerai cependant, qu'elles étaient accompagnées de cette amabilité flatteuse que l'on pouvait attendre de lui.

Dans un entretien que j'eus le lendemain avec le Comte Bertrand, il se plaignit, dans des termes très forts, de la cruauté inutile de leur traitement.— L'Empereur, disait-il (car sa suite continuait à l'honorer de ce titre), se fiait à la bonne-foi de l'Angleterre, dans la consolante espérance d'y trouver un sûr azile.—Il demanda quel sort plus malheureux il aurait pu avoir, s'il avait été fait prisonnier à bord d'un vaisseau Américain, sur lequel il aurait essayé de s'évader. Il raisonna encore quelque tems sur la possibilité du succès dans une entreprise pareille ; et, ajouta-t-il, nous pourrions maintenant nous repentir de ne l'avoir pas risquée.—Il continua ensuite :

,, Croyez-vous que l'Empereur ne pouvait pas se mettre à la tête de l'armée de la Loire ? et pouvez-vous vous persuader qu'elle n'aurait pas été fière de se ranger sous ses ordres ? Et n'est-il pas possible,— même plus que probable, qu'il aurait été joint par de nombreux partisans du Nord, du Sud et de l'Est ? On ne peut même pas nier qu'il ne fût en son pouvoir de s'assurer une position bien plus favorable que celle où il se trouve actuellement. Ce fut pour épargner une nouvelle effusion de sang, qu'il se jetta ainsi entre vos bras ; qu'il se fia entièrement à l'honneur d'une nation renommée pour sa générosité et pour son amour de la justice ;—et l'Angleterre n'aurait pas été déshonorée en reconnaissant Napoléon Buonaparte comme un de ses citoyens. Il ne demandait qu'à être placé parmi les plus humbles d'entre eux, et ne désirait rien autre chose que le le ciel pour toît et la terre d'Angleterre pour s'y promener en sûreté. Cette demande était-elle donc trop exigeante pour un tel homme ? assurément non. Et même pouvait-il, dans un moment d'abattement, si toutefois il en était susceptible, pouvait-il s'imaginer qu'un cœur comme le sien dût craindre le refus d'une telle grace ? c'eût été plutôt un sujet d'orgueil pour l'Angleterre, que le conquérant de presque toute l'Europe, excepté elle-même, cherchât, dans son infortune, à passer le reste d'une vie qui forme une époque si brillante de l'histoire de notre siècle, dans quelque coin retiré de ses domaines, qu'elle aurait daigné lui accorder".—Il avoua que Napoléon l'avait consulté, à l'égard de la magnanimité probable du gouvernement Anglais, sur la mesure qu'il avait en vue; ,,mais dans cette affaire, dit-il, j'ai refusé de lui donner le conseil qu'il me demandait. Ce ne fut pas par quelque prévention contre la nation Anglaise,—non, bien loin de-là, que j'hésitai pour la première fois à lui obéir.—Mais je ne pouvais me permettre de devenir son conseiller dans un moment si critique, et dans une affaire de tant d'importance, qui regardait le repos de sa vie future et l'honneur de son nom. Je ne craignais pas que l'on fît la moindre injure à sa personne; mais j'ai cru possible que sa liberté fût en danger, comme en effet elle l'est, par la résolution actuelle. J'étais alternativement si agité par mes espérances et par mes craintes, que je ne pus que le prier de vouloir bien accepter mes assurances loyales et fidelles, que j'étais prêt à m'attacher à sa fortune quelle qu'elle pût être, mais que c'était à lui seul d'en montrer la route. Je ne saurais exprimer, ajouta-t-il, combien je me félicite d'avoir persévéré dans ma résolution ; car si mon opinion avait influé en quelque sorte sur la situation dans laquelle je vois actuellement mon Empereur, je ne pourrais plus jamais jouir d'un moment de tranquillité."

La manière dont il s'exprimait et son accent manifestaient l'état de son ame. Il y avait dans sa manière une espèce de résolution militaire ; mais j'appercevais bien que la douleur était dans son cœur ; et ferme comme je le suis dans ma loyauté comme Anglais, fier comme je le suis, et comme doit l'être tout autre, né dans notre isle glorieuse, de ce nom distingué, et quoique son enthousiasme l'entraînât à des sentiments et des opinions que je ne pouvais nullement partager, je n'hésite pas d'avouer que j'admirai beaucomp la fidélité de ce Français.

Les plaintes de Madame Bertrand étaient différentes dans leur caractère, aussi-bien que par le langage, de celles du Comte son époux ; son air et ses manières étaient quelquefois accompagnées d'une espèce de délire. " Que pouvez-vous penser, me dit-elle une fois, de ma situation ? Ne vous parait-elle pas bien triste ;—et où peut-on trouver des expressions pour peindre la vivacité de mes souffrances? Quel changement pour une femme qui avait occupé un rang élevé dans la cour la plus animée et la plus brillante de l'Europe ; où son importance était telle, que des milliers de personnes recherchoient sa faveur, et s'enorgueillissaient d'y avoir part. L'épouse du Comte Bertrand, Grand-Maréchal du Palais de l'Empereur de France, est actuellement destinée, avec ses trois enfans, à accompagner un époux sur un rocher au milieu des mers, où le faste du rang, la pompe de la fortune et les chants du plaisir seront remplacés par une triste captivité ; car tel nous paraîtra toujours, malgré les promesses qu'on nous fait d'adoucir notre sort, ce séjour environné par la barrière d'un océan sans bornes". Elle était curieuse de savoir ce que les Anglais pensoient de son mari; sur quoi je lui dis qu'autant qu'il m'était possible d'en juger, ils avaient une plus haute opinion de lui que de tout autre Maréchal de France, et que son fidèle attachement pour Napoléon avait un air romanesque qui n'était pas sans admirateurs en Angleterre. C'était, en effet, par suite de ce sentiment prononcé, en opposition avec ce qu'on pouvait regarder comme son véritable intérêt, et malgré les prières de sa famille, que Madame Bertrand avait manqué de commettre un suicide. La tentative désesperée de se jetter du *Bellérophon* dans la mer, eut lieu, à ce qu'on dit, dans la soirée du jour où Napoléon fut informé de son sort futur, et, probablement, au moment où on lui en fit la première communication.

Les petits Bertrands sont des enfans fort intéressans: le plus jeune n'a que trois ou quatre ans; l'aîné est natif de Trieste, et nâquit pendant que son père était gouverneur des Provinces Illyriennes; le second est une fille d'un caractère animé, qui se trahit de tems en tems par des symptômes de violence. L'esprit militaire paraît s'être emparé de ces enfans: depuis le matin jusqu'au soir, ils sont occupés à faire des armes, à marcher, à charger au demi-galop, comme la cavalerie, &c. &c. et la petite fille se joint à ces jeux comme une vraie amazone, sous la direction d'un petit Français, qui, je crois, est né dans un camp.

Ayant dit par hasard à Madame Bertrand que tout

le monde croyait qu'elle serait restée en Angleterre, pour l'éducation de ses enfans, elle répondit avec vivacité, et une expression de figure un peu égarée, mais intéressante, qui lui est assez ordinaire : " Comment, Monsieur, quitter mon mari dans un tel moment ? c'est un dégré d'héroisme auquel mon cœur n'atteindra jamais : quoique peut-être dans une année d'ici, je pourrais bien revenir." Quand je lui eus dit qu'une occasion favorable s'offrirait bientôt à bord du *Northumberland*, elle parut acquiescer à la probabilité d'un tel évènement.

Ni Monsieur ni Madame Montholon ne parlent l'Anglais ; le Comte est un joli petit homme, et son épouse une femme d'une tournure très-élégante ; ils ont un grand soulagement dans leur malheur, et ils y sont fort sensibles, c'est celui d'avoir un charmant petit garçon : vous vous appercevez bien que, quoique d'une manière très-décousue, je vous fais connoître par dégrés toute notre société : mais vous devez bien sentir que c'est le meilleur moyen que je puisse employer.

Buonaparte, avant de quitter *le Bellérophon*, fut prié de choisir trois personnes de sa suite pour l'accompagner à l'isle de Sainte-Hélène. Bertrand était, à cette époque regardé comme particulièrement proscrit : mais Lord Keith avait pris sous sa responsabilité d'ajouter un ami si fidèle à la suite du général exilé. Les autres étaient le *Comte de las Cases*, ancien capitaine de la marine Française, et possédant des connaissances littéraires : le général comte de Montholon et le lieutenant-général Gourgaud, ses deux aides-de-camp, qui lui sont entièrement dévoués. Ces deux derniers officiers ont servi sous lui dans la campagne de Russie, et ils nous dépeignirent l'hiver qu'ils y avaient passé, dans toutes ses horreurs. Ils font le plus grand éloge de la cavalerie Russe ; mais ils représentent les Cosaques comme faciles à disperser. Ils parlent peu favorablement des Autrichiens, et accordent plus d'estime aux troupes Prussiennes. L'Infanterie Anglaise, à la bataille de Waterloo, les a frappés d'étonnement; mais ils disent que notre cavalerie a trop de fougue : défaut dont ils ont probablement eu à se plaindre dans cette glorieuse journée.

Dans une conversation que j'eus l'autre jour avec le Comte Bertrand à ce sujet, il ne put dissimuler ses sensations. Le peu qu'il disait était exprimé avec l'accent de la plainte, quoique avec candeur. " Nous avons combattu, dit-il, ce jour-là pour la Couronne de France ; mais vous avez gagné la bataille, et nous voilà perdus." Je lui ai demandé s'il avait lu la lettre du Maréchal Ney au Duc d'Otrante, pour justifier sa conduite sur le champ de bataille. Il paraissait n'avoir pas vu cette pièce ; et quand je lui ai dit de quelle manière le Maréchal avait critiqué la conduite de son maître, et que dans l'opinion publique la conduite du premier était pleinement justifiée :—"Bien, bien, répliqua-t-il, si j'avais eu le commandement de la division du Maréchal Ney, j'aurais peut-être fait plus de sottises que lui ; mais du poste où j'étais, j'ai vu qu'il y avait *beaucoup à blâmer :*" puis sur la comparaison établie entre Buonaparte et Ney, il leva les yeux vers le ciel, les baissa rapidement vers la terre, et s'écria d'un ton très-significatif, " En vérité, la distance est la même entre ces deux hommes-là."

D'après les détails que j'ai recueillis dans ma conversation avec nos hôtes, il paraît que l'abdication de l'Empereur en faveur de son fils, est un sujet qui, autant que je puis en juger, a été entièrement dénaturé en Angleterre : Je veux dire à l'égard des causes immédiates et prochaines. Si les renseignemens qui m'ont été donnés, sont exacts, et je ne puis croire qu'ils aient été inventés pour m'en imposer, un vaste complot politique fut alors ourdi par *Fouché* pour culbuter son maître, et il a réussi.— Les habitans de notre petite cabine ne prononcent

jamais le nom de ce rusé politique et grand révolu-
tionnaire qu'avec un accompagnement de malédic-
tions, que vous n'avez pas besoin d'entendre, et que je
me dispenserai de répéter. Talleyrand même ne
leur est pas si odieux que cet infâme traître.
C'est, en effet, une opinion décidée quant à présent, parmi nos exilés, que Fouché viendra à
bout de faire pendre Talleyrand ; ou que ce
dernier lui jouera le même tour ; et on ajoute que
s'ils étaient tous les deux accrochés au même gibet, ce
monument devrait être conservé comme un objet de
vénération publique, pour le service qu'il aurait
rendu au genre-humain, en punissant deux des co-
quins les plus consommés qui aient jamais déshonoré
le corps social. L'historiette dont je veux parler,
était rapportée ainsi :

Au retour de Napoléon à Paris après sa malheureuse défaite à Waterloo, et au milieu des agitations
où le plongeoient ses doutes et son embarras à l'égard
de la conduite qu'il devait tenir dans cette crise extraordinaire, une lettre fut livrée à ses méditations
par le Duc d'Otrante, qui disait l'avoir reçue du
Prince Metternich, ministre d'Autriche. Elle était
datée du mois *d'Avril précédent ;* l'écrivain diplo-
matique déclarait que son souverain était irrévocable-

ment résolu à chasser Napoléon premier du trône de France ; et qu'on laisserait à la nation Française à décider, si elle demeurerait monarchie sous Napoléon deux, ou si elle adopterait la forme du gouvernement républicain. L'Autriche déclara qu'elle n'avait ni le droit ni l'intention de dicter des lois aux Français. L'exil définitif et nécessaire du traître (telle était l'expression) voilà tout ce que l'Empereur d'Autriche demandait à la France.

Napoléon mordit à l'amorce, et abdiqua de suite en faveur de son fils ; mais à peine eut-il fait cette démarche, qu'il découvrit la fourberie de Fouché. La lettre était forgée, et il fut bientôt évident qu'il n'étoit pas au pouvoir de l'Empereur d'Autriche, quand il l'aurait voulu, de pousser son petit-fils dans le monde politique.

En quittant Paris, l'ex-Empereur et sa suite poursuivirent leur route sans obstacle jusqu'aux côtes de la mer, et suivant l'opinion des exilés, ils auroient pu séjourner dans le voisinage de Rochefort tranquillement et sans aucun motif raisonnable de crainte, pendant un terme beaucoup plus long que ne le permit l'impatience de Buonaparte.—Dès qu'il fut arrivé parmi nous, il exprima souvent le désir de connaitre le contenu des gazettes Anglaises; mais comme il ne lui aurait pas été fort agréable de savoir comment on parlait de son caractère, de sa conduite, etc. on mit de la délicatesse à les soustraire à ses regards. La vérité n'est pas toujours bonne à dire (comme dit le proverbe) et ce principe a été strictement observé à bord du *Northumberland*. Le Comte de las Cases avait cependant offert à son général de le mettre, dans le courant d'un mois, à portée de lire une gazette Anglaise; entreprise qu'il n'eût pas, probablement, été capable d'accomplir; mais il ne put engager son maître à devenir son élève; et la proposition fut brièvement éloignée par la réponse suivante. " Je sais bien que vous me prenez pour un prodige : mais quoi qu'il en soit, je ne suis pas universel ; et parmi les choses qui sont au-dessus de mes forces, est la possibilité d'être passé maître dans la langue Anglaise en peu de semaines."

Je terminerai ici ma première lettre ; ou, si vous voulez, la première partie de ma correspondance ; à tout évènement, elle sera prête pour la première occasion qui se présentera de vous l'envoyer. Si elle vous donne quelque plaisir, ou si elle satisfait en quelque chose votre curiosité, *tant mieux ;* au moins, elle me donnera l'occasion de dire : Comment vous portez-vous ? et que Dieu vous bénisse! ainsi que d'offrir mes complimens sincères et mes souvenirs d'affection à tous nos amis.

Adieu, &c. &c.

W. W.

EN MER.

MON CHER AMI,

Je reprends ici mes occupations passagères :—*la tâche journalière, telle que vous la voulez.** Le premier jour de l'arrivée de notre illustre passager, il montra un appétit extraordinaire : j'ai remarqué qu'il avait bien dîné, et bu beaucoup de vin de Bordeaux. Il passa toute l'après-dînée sur le pont, où il fit jouer la musique du 53e Régiment, surtout les airs patriotiques de " *God save the King*," et " *Rule Britannia*." Il parlait, de tems en tems, aux officiers qui étaient capables de s'entretenir avec lui. J'ai observé que dans ces occasions, il conservait invariablement la même attitude, qui avait un air d'importance, et tel probablement qu'il était accoutumé à le prendre au palais des Tuileries, quand il donnait audience à ses maréchaux ou à ses ministres. Il n'ôte jamais ses mains de leur place accoutumée, savoir, de ses poches, que pour les porter à

---

* Ces mots se trouvent dans l'original.

sa tabatière ; et j'ai remarqué comme une circonstance particulière, à laquelle j'ai fait la plus grande attention, (quoique peut-être elle tînt à son ancienne dignité,) qu'il n'offrait jamais une prise à celui avec qui il causoit. Le lendemain il déjeûna à onze heures. Son repas consiste en viande et en vin, et se termine par le café. A dîné j'ai vu qu'il choisit une côtelette de mouton, et qu'il la mangea sans l'aide du couteau ni de la fourchette.

Il passa la plus grande partie du troisième jour sur le pont, et il semblait avoir soigné sa toilette.—Il ne reçoit d'autres marques de respect des officiers du vaisseau que celles que l'on montrerait à un simple individu, et ne paraît pas en desirer davantage. Il se contente sans doute de l'hommage de sa suite, qui paraît toujours devant lui tête nue, de sorte que si une ligne était tirée autour d'eux, on pourrait se croire au palais de Saint-Cloud.

Il joua aux cartes l'autre soir : le jeu qu'il choisit était le Whist, et il perdit. La partie ne paraissait pas être jouée de la même manière que chez nous : mais mes foibles connoissances en cette matière ne me permettent pas d'expliquer la marche qu'on suivait.

Napoléon passa dans sa cabine tout le jour suivant. Sa suite ne tarda pas à s'appercevoir qu'il avait le mal de mer; mais il était si peu accoutumé à la mer, qu'il ne connoissait pas les effets ordinaires du mouvement d'un vaisseau sur les personnes qui n'y sont point faites, ou qu'il croyait devoir attribuer sa migraine à quelque autre cause; car il paraissait ne pas vouloir croire que l'eau salée en fût l'origine. Au moins personne de sa suite n'osa, à cette occasion, lui répéter la leçon pratique de son frère Canut à ses courtisans, sur les procédés malhonnêtes de l'Océan.

Parmi son bagage étaient deux lits de camp, qui l'avaient accompagné dans plusieurs de ses campagnes. L'un d'eux était devenu un article bien essentiel dans sa cabine, destination tout-à-fait différente de celle que l'on avait eue en vue quand il fut construit; l'autre n'avait plus pour objet de procurer du repos à un *héros*, dans le désordre d'une campagne, mais d'être pressé par une *héroïne* telle que Madame Bertrand, parmi les ondes agitées. Ils sont, cependant, aussi commodes que l'habileté réunie du tapissier et du méchanicien a pu l'opérer. Ils ont à peu-près six pieds de long sur trois de large, avec une épaisse garniture de soie verte: la charpente est d'acier, et travaillée si artistement que l'on est surpris de leur légèreté, et de la facilité avec laquelle on les déplace. L'autre jour étant assis sur l'un d'eux, je ne pouvais m'empêcher de penser aux batailles de Wagram, Austerlitz, Friedland, etc. —C'était une situation propre à porter le politique et le sage, à contempler les changements et les chances de ce monde ; mais comme je ne présume pas posséder assez ces deux caractères, ni séparément ni collectivement, pour être autorisé à m'engager dans une suite de réflexions sur ces sujets intéressans, je laisserai cette occupation à votre esprit plus actif et sujet à l'enthousiasme.

Quoique le vent fût fort, et l'agitation du vaisseau considérable, Buonaparte, néanmoins, parut sur le pont entre trois ou quatre heures après-midi. Là, il s'amusa à faire des questions au lieutenant de quart : savoir ; combien de lieues le vaisseau faisait par heure ? s il était probable que la mer se calmât ? quel était le vaisseau sur l'avant du *Northumberland* ?—Bref, il nous faisait bien voir que rien ne lui échappait. Mais je ne pouvais m'empêcher de sourire, en voyant cet homme qui avait si fièrement marché d'un pas assuré à travers des pays subjugués, chancellant sur le pont d'un vaisseau et tâchant d'attraper un bras pour s'empêcher de tomber, car il n'avait pas encore le pied marin. Parmi d'autres objets de son attention, il remarqua que Mr. Smith, qui se promenait avec les autres aspirans de la marine, était plus âgé que ses camarades ; il lui demanda combien de tems il avait été au service : Mr. Smith lui répondit : neuf ans : il remarqua que c'était très long-tems.— " Il est vrai, repliqua Mr. Smith, mais j'en ai passé la plus grande partie dans une prison française ; j'étais à Verdun quand vous êtes parti pour la campagne de Russie." Napoléon haussa les épaules, avec un sourire significatif, et termina la conversation.

—Je dois vous dire une fois pour toutes, si je n'en ai pas encore fait l'observation, qu'il laisse rarement échapper l'occasion de faire une question ; et c'est alors qu'il adressa cette interrogation inattendue à notre aumônier orthodoxe :—s'il n'était pas Puritain ? Il n'est pas nécessaire de vous dire la réponse, et vous pouvez aisément penser quels furent les sentimens d'un ecclésiastique revêtu des ordres canoniques et ferme dans les principes canoniques, quand une telle question lui fut adressée.

Il désirait aussi satisfaire sa curiosité à l'égard d'une communauté religieuse existant en Ecosse, nommée *Johnsoniens*, qui, selon ce qu'il avait entendu dire, composaient une secte très-active dans cette partie de la Grande Brétagne. Sa conversation consistait constamment en questions, qui ne man-

...onstance, étaient exacts à l'égard de la cause ; savoir, l'improbation sans détour qu'il donna à cette entreprise si hasardeuse et si téméraire. Cette conjecture fut contredite sur le champ par une assertion décidée, que le Prince de Bénévent, au contraire, avait approuvé la guerre d'Espagne, et recommandé cette mesure, en fondant son conseil sur l'opinion inaltérable, qu'il communiqua hardiment à l'Empereur, que sa vie n'était pas en sûreté, tant qu'un Bourbon régnerait en Europe.

J'allai plus loin sur ce sujet avec Madame Bertrand, et elle m'assura positivement, et de la manière la moins équivoque, que Talleyrand entretenait une correspondance secrète avec Napoléon lors de leur dernier séjour à Paris, et qu'il devait les rejoindre dans le courant d'un mois. Son départ de Vienne pour prendre les eaux d'Aix-la Chapelle fut attribué à une indisposition, pour mieux cacher sa duplicité. " Pouvez-vous vous persuader, Madame, lui dis-je, que Talleyrand, quand il en aurait eu l'inclination, eût possédé le pouvoir d'influencer la cour de Vienne en faveur du gendre?" " La cour de Vienne, s'écria-t-elle ? O oui, oui : il est capable d'influencer toutes les cours de l'Europe ! S'il avait joint l'Empereur, nous serions actuellement à Paris, et la France n'aurait plus changé de maître." Quant aux *vertus* de cet homme, je ne les ai jamais entendu préconiser : mais vous êtes maintenant en état de juger combien ses talents politiques étaient appréciés dans le cercle français à bord du *Northumberland*.

Je demandai au Comte Bertrand lequel des Généraux français avait amassé le plus de richesses : Il me répondit sans la moindre hésitation, que c'était Massena ; il ajouta, cependant, que tous les maréchaux avaient acquis une fortune considérable. Il croyait, cependant, que Macdonald, Duc de Tarente, s'était moins enrichi que tout autre. Il fit de Davoust, Duc d'Eckmuhl, un panégyrique complet, sur lequel se récrièrent tous les assistants, en citant la conduite de cet officier à Hambourg, que nous soutînmes tous être d'une atrocité sans exemple. Il n'en convint pas ; au contraire, il le représenta comme un officier zélé, exact, fidèle, et nullement dépourvu d'humanité ; vû que malgré ses principes de subordination militaire, connus pour être excessivement rigides, il n'avait pas encore agi avec toute la sévérité que lui prescrivaient ses instructions. Quant au rapport de s'être laissé gagner, Bertrand le déclara incapable d'une telle bassesse ; et affirma qu'il était à sa connoissance qu'une somme considérable lui ayant été offerte pour laisser quelques vaisseaux sortir du port d'Hambourg pendant la nuit, il s'y était

refusé avec l'indignation d'un loyal soldat et d'un
homme d'honneur.

Le Comte de las Cases prit part à la conversation
au sujet des Maréchaux de France, et en parla avec
très-peu de réserve.—Il dit que Masséna avait été
maître d'armes ; mais qu'avant ses campagnes dans
la Péninsule, il était considéré en France comme
égal, si non supérieur à Buonaparte sous le rapport de la capacité militaire. Il ajouta que depuis
cette époque il était tombé dans un discrédit complet.
—Il est très avare, poursuivit-il, quoi qu'il n'ait qu'un
enfant, savoir, une fille, qui doit hériter de son im-
mense fortune. Il raconta à ce sujet la circonstance
suivante relative au Maréchal.—Le salut de l'armée,
lors du passage du Danube, fut hardiment attribué
par les soldats qui la composoient (bruit qui fut par
conséquent répété comme l'opinion de la nation) aux
manœuvres supérieures et au courage persévérant de
Masséna. Il paraît qu'une crûe soudaine et forte du
fleuve avait détruit toute communication entre la rive
droite et la rive gauche, quand la moitié de l'armée
française avait passé.—L'autre moitié se trouvait
sans munitions, quand Masséna se jetta dans le village d'Essling, où il soutint quinze attaques succes-
sives des Autrichiens, et sauva par ce moyen cette
partie de l'armée française, de la destruction qui la

menaçait. Les louanges que l'armée et la nation lui prodiguèrent pour sa conduite dans cette circonstance et le succès qui l'avait couronnée, furent accompagnées d'un blâme très amer qui tomba sur Buonaparte, et auquel il parut fort sensible. Il parvint, néanmoins, à désarmer la critique, en accordant le titre de *Prince d'Essling* à Masséna, comme la récompense méritée, et le digne prix d'un service dont dépendait, pour le moment, le succès et l'issue honorable de la campagne. —Soult, ajouta le Comte, est un bon officier, et Ney est le plus brave de l'armée ; mais Suchet a plus de conception, des connoissances plus étendues, plus de génie politique, et des formes plus agréables que tous les autres Maréchaux de France."

Alors il nomma l'amiral Gantheaume, et demanda sur quel ton les journaux Anglais parlaient de cet officier. Je lui répondis qu'ils avaient beaucoup vanté le courage qu'il mettait à sortir du port, et l'adresse avec laquelle il se dépêchait d'y rentrer. " Oui, repliqua-t-il, d'un air et d'un ton significatif, excellent pour jouer à cache-cache. Il était l'ami de Louis, et puis de Napoléon, et il est redevenu celui de Louis : c'est, en un mot, ce qu'on appelle le curé de —— , je l'aidai à achever le Proverbe, en ajoutant le mot.—" Bray ;" qu'il saisit aussitôt, en s'écriant, " Oui, oui, c'est le curé de Bray.—" Il est vieux, ajouta le Comte, mais ses folies sont celles d'un jeune homme ;" toutefois il ne dit pas en quoi elles consistoient.

Dans l'après-dînée, notre *principal passager* demeura plus long-tems sur le pont qu'il ne l'avait fait auparavant, et ses traits manifestèrent de l'inquiétude. Ses questions roulèrent sur toute notre marche, et marquoient l'impatience d'arriver au terme du voyage. Il éprouvait probablement quelque sorte d'indisposition par l'effet du local étroit dans lequel il se trouvait resserré, ayant contracté l'habitude de faire un exercice très-violent. Suivant ce que j'ai entendu dire, il avait été fort maigre, jusqu'au tems où il devint Premier Consul ; et quand même son tempérament eût été autre, ses campagnes d'Egypte auraient suffi pour fondre son embonpoint : mais les fatigues de corps et d'esprit qu'il a essuyées depuis, étoient faites pour détruire toute autre constitution que la sienne, qui doit être d'une nature extraordinaire, pour l'avoir mis en état d'y résister, sa santé s'est plutôt améliorée qu'affaiblie, et pendant les dix dernières années, il a toujours engraissé.—Une circonstance singulière, c'est que le Comte Montholon, dont j'ai déjà fait mention, comme un des Aides-de-Camp Impériaux, est le fils d'un Général de ce nom, que Buonaparte a servi dans la même qualité pendant la guerre de la révolution.

Toute sa famille, excepté son père et lui-même, étaient des royalistes décidés, et grands propriétaires : mais le Général est mort, et son fils sacrifie sa fortune et abandonne ses parens, pour partager, avec sa femme et son enfant, l'exil de son ancien souverain, qu'il s'énorgueillit d'aimer et de servir sous ce titre, avec tous les sentimens de devoir et de loyauté que lui inspire sa fidélité enthousiaste.

—Je vous donne la description du jeune Napoléon, faite par Madame Bertrand comme très belle, afin d'en venir au portrait fait par son père avec le laconisme Anglais. " Le petit bon-homme, dit-il, ne me ressemble que par le haut de la figure. *Il a une grande et grosse tête.*" * La même dame, en dépeignant la famille de Buonaparte, parle des femmes avec le langage de l'admiration. Elle dit que toutes les sœurs sont d'une beauté éclatante, excepté la princesse de Piombino : c'est donc par ces femmes charmantes, que, pour employer leur expression favorite de grande et grosse tête, je finirai ma *grande* et *grosse Lettre.*

Adieu, &c. &c.

W. W.

---

* " He has one large big head."

EN MER.

MON CHER AMI,

JE crois vous avoir déjà dit qu'on regardait comme une attention marquée pour nos exilés de ne pas leur laisser voir les gazettes Anglaises, qui nous furent envoyées avant que nous ne missions à la voile. Le Comte Bertrand saisit l'occasion de me demander si je les avais lues ; et comme vous pouvez bien le supposer, lui ayant répondu affirmativement, il commença à me questionner sur leur contenu. Je lui dis en conséquence qu'elles parlaient du voyage secret qu'on croyait qu'il avait fait à Paris, avant le retour de Napoléon en France. Quand je lui communiquai cette circonstance, son visage exprima un vif ressentiment, et il le manifesta par la manière dont il répondit. "Je sais bien, dit-il, que les papiers anglais m'ont accusé d'avoir été à Paris caché sous un déguisement, quelques mois avant le départ de l'Empereur de l'isle d'Elbe. Mais je déclare solemnellement que je n'ai jamais mis alors le pied en France, au moins de la manière qu'on a prétendu. J'aurois pu aller en Italie, si je l'avais voulu, mais j'ai demeuré à l'isle d'Elbe, jusqu'à ce que *mon* Empereur l'ait quittée. On a dit aussi, que j'avais fait serment de fidélité au Roi :—assertion également fausse ; car je n'ai jamais vu un seul individu de la branche française des Bourbons."

Voici la relation du retour de Buonaparte, telle que je l'ai entendu faire par hasard, et en peu de mots. " Le Duc de Bassano fut le principal acteur de cette entreprise. Plusieurs individus s'étaient rendus de différents départements de la France à l'isle d'Elbe, et l'Empereur avait quelques raisons de soupçonner que les alliés avaient résolu de l'envoyer dans le séjour qui lui est actuellement destiné. Quelle était la cause de cette crainte, c'est ce qu'il est impossible d'imaginer. C'est toutefois un fait certain, qu'il le croyait si fermement, qu'il se décida à exécuter le projet médité, avant que le complot auquel cette entreprise se rattachait ne fût assez mûr pour éclater en France. Il arriva même, après que sa petite armée était embarquée, une dépêche de ses amis, qui le priaient instamment de retarder son entreprise, ne fût-ce que d'un mois. S'il l'eût reçue avant de quitter l'isle, il n'est pas douteux qu'elle n'eût suffi pour contenir son impatience et calmer ses craintes : mais quoiqu'il en soit, et quelque fussent les conseils qu'on lui donnait, ils arrivoient trop tard pour être suivis ;—le sort en était jetté."

Une circonstance a eu lieu aujourd'hui, qu', comme

vous l'imaginerez aisément, a excité beaucoup d'intérêt parmi nos passagers, aussi bien que des questions multipliées ; une corvette française, portant le pavillon blanc, a vogué quelque tems de conserve avec nous.

—Le Général Gourgaud nous a amusés en nous racontaut une foule d'anecdotes à l'égard des campagnes de Russie et de la Péninsule, dont il avait été lui-même témoin. J'en choisirai deux ou trois ; car tels récits qui égayent la monotonie des journées passées sur le pont d'un vaisseau, peuvent ne pas être dignes d'être communiquées à ceux qui sont environnés des plaisirs variés qu'offre à toute heure le cercle de la vie sociale.—Il représenta la rigueur du froid en Russie avec un étonnement qui nous divertit beaucoup. Vous pouvez vous figurer l'énorme différence de situation que devait éprouver un français, né dans un climat si doux, et qui avait servi en Espagne, en se trouvant transporté dans une partie du monde où ses larmes devenaient sur ses joues des globules de glace ; et où les soldats, stupéfiés par le froid, tâchant de s'agiter, pour recouvrer leurs sens, tombaient souvent à terre, et y expiraient.

—Il rapporta aussi la circonstance suivante comme étant arrivée au siège de Sarragosse. Les français avaient miné un Couvent, où un corps d'Espagnols s'était retranché. Les assiégeans n'avaient po int l'intention de détruire le bâtiment, mais simplement de faire sauter une muraille, pour effrayer les assiégés et les forcer à se rendre. L'explosion, cependant, s'étendit plus loin qu'on ne s'y attendait, et nombre d'Espagnols périrent ; mais seize d'entre eux s'échappèrent, comme vous allez voir, d'une manière bien extraordinaire. Ils montèrent au clocher de l'eglise, bien munis d'armes et de munitions, et malgré tous les efforts des français, ils se défendirent avec la plus étonnante valeur pendant trois jours. Mais ce n'est pas tout : car au bout de cette période, et au grand étonnement des assiégeans, les assiégés se tirèrent de cette situation dangereuse ; ce qui, dans l'opinion des pieux catholiques, pût être attribué à l'intervention des anges gardiens du couvent. Cependant, les moyens, qu'ils avaient employés, étaient une invention entièrement humaine. Avec un paquet de ficelles qu'on leur avait passer d'un bâtiment joignant, ils avaient tissu une quantité suffisante de cordes, à l'aide desquelles ils se laissèrent glisser du haut de leur forteresse, et effectuèrent ainsi leur délivrance. Cette anecdote, je crois, peut-être ajoutée à tant d'autres histoires *en l'air :* ou, si l'on peut risquer un calembourg avec un railleur tel que vous, à celle des châteaux en Espagne.

Pendant la soirée, Napoléon s'adressa au Capitaine Beatty, des troupes de la marine, qui parle français avec beaucoup de facilité. Ses questions portèrent principalement sur les réglemens et l'instruction des troupes de la marine, etc. Il ne pouvait s'adresser à un officier qui fût plus propre à satisfaire sa curiosité militaire. Le Capitaine Beatty avait servi avec Sir Sidney Smith dans l'Orient, et s'était trouvé au siège d'Acre; évènement qui ne figure pas parmi les souvenirs les plus agréables de Buonaparte. Cependant, quand on lui fit part de cette circonstance, il l'accueillit de très-bonne humeur, et prenant le capitaine par l'oreille, il s'écria d'un ton de badinage, " Ah, ah, mon gaillard, vous étiez là !" Il demanda alors ce qu'était devenu Sir Sidney Smith : quand on lui eut dit que ce brave chevalier était en ce moment sur le continent, et qu'il avait soumis une proposition au congrès de Vienne pour détruire les corsaires des côtes de la Barbarie, il répliqua de suite, " qu'il était et qu'il avait toujours été honteux pour les puissances Européennes de permettre l'existence de ce repaire d'infidèles." Cette opinion confirme, en quelque manière, ce qui a été supposé à l'égard d'une proposition qu'Andréossi était, dit-on, autorisé à faire à notre gouvernement pendant la courte durée de la paix avec la France sous le gouvernement consulaire. Durant cette espèce de Trêve, on croit que le premier consul avait proposé une expédition combinée entre les deux puissances auparavant belligérantes pour détruire et d'exterminer entièrement les pirates de Barbarie : à cette occasion, dit-on, il avait offert de fournir la force militaire, si l'Angleterre voulait faire tous les préparatifs maritimes nécessaires pour donner effet à une entreprise si honorable pour les deux nations ; c'est vrai, que si de telles propositions aient été faites, il n'y a pas de doute qu'il n'ait existé des raisons suffisantes pour ne pas les accepter ; et le prompt renouvellement de la guerre mit fin à toutes autres délibérations, sur ce sujet, si jamais il en a existé.

Les autres questions que fit Napoléon, roulèrent sur le service de l'artillerie Britannique : elles étaient adressées au capitaine de l'artillerie à bord qu'il trouva bien capable de répondre aux nombreuses questions qu'il lui adressa. On m'a dit que c'était dans l'artillerie qu'il avait fait ses premières armes, par conséquent ce sujet était le plus intéressant pour lui, et d'ailleurs peu de semaines s'étaient écoulées depuis qu'il avait appris à connaître notre savoir-faire dans ce genre. Il entrait dans les détails les plus minutieux du service, et fit des questions sans fin sur les réglemens relatifs aux sous-officiers, bombardiers, sapeurs et simples soldats de toute arme.

L'éducation des Cadets fut également l'objet de son attention, et il demanda surtout, s'ils étaient instruits dans les mathématiques, la philosophie naturelle, la chimie, etc. Et pour que l'on pût bien s'entendre de part et d'autre sur la valeur des termes techniques de l'art, il appella le Comte de las Cases, pour l'aider dans cette conversation scientifique. La seule observation qu'il fit, eut pour objet de témoigner son étonnement de ce que nous nous servions de pièces de douze en campagne, et de la force ainsi que de la perfection de cette partie de nos moyens militaires, dont, à ce qu'il paraît, il n'avait jamais conçu une si grande idée.

Je vous ai prévenu, au commencement de ma relation épistolaire, que vous deviez vous attendre à des transitions soudaines entre les objets qui ont le moins de rapport mutuel ; et je vais vous en donner un exemple bien risible, en passant de l'artillerie Anglaise aux bijoux de la couronne de France, dont Buonaparte n'a pu recouvrer, dit-on, qu'un seul article, savoir, une croix de diamants, dont la valeur était estimée à douze mille livres sterling. On m'a dit aussi, que, quand *Grouchy* annonça télégraphiquement la prise du Duc d'Angoulême dans le midi, un ordre fut envoyé, suivant lequel tous les effets qui auraient été trouvés sur lui, devaient lui être rendus de suite.

Vous voyez bien que notre *principal passager* ne fait pas ses demandes au hasard.—En effet, il les adresse toujours à des personnes qui d'après leur caractère officiel, sont à portée de lui répondre d'une manière satisfaisante ; ou, ce qui paraît plus probable, l'extérieur *officiel* des personnes qu'il rencontre par hasard, lui suggère le sujet de ses questions, vû que sa curiosité se dirige vers ce qui paraît être relatif aux attributions apparentes de ceux avec lesquels il s'entretient. Ainsi donc il devait être naturellement disposé à me parler de mon métier, quand je venais à attirer son attention ; car la médecine ne paraît pas être un sujet sans attrait pour lui. Il regarde l'équitation comme un exercice plus utile que tout autre pour la conservation de la santé, et on m'a dit que pendant son trajet à bord du *Bellérophon*, se flattant d'obtenir de notre gouvernement la permission de rester en Angleterre, il se faisait d'avance une fête d'y prendre le divertissement de la chasse.

Tout le monde se rappelle l'invasion dont il avait menacé l'Angleterre en 1805, et les différentes conjectures qui furent formées sur ce sujet important. Cette entreprise n'était nullement (autant qu'il m'en *ouvient) considérée comme praticable : et l'on ne croyait même guères qu'il s'avisât de la tenter. Je vous citerai, cependant, une autorité qui porterait à croire qu'il en était réellement question.—Buonaparte me l'a assuré. Il m'a dit qu'il avait deux cent mille hommes sur la côte de France vis-à-vis de l'Angleterre, et que sa résolution était de les y conduire en personne. L'entreprise, il l'avoua, était dangereuse, et le succès très-douteux. Néanmoins son parti était pris, et tous les arrangemens possibles étaient faits pour effectuer l'opération.—On lui a donné à entendre, cependant, que sa flottille était tout-à-fait insuffisante ; et qu'un vaisseau tel que le *Northumberland* pouvait détruire une cinquantaine de ses bateaux. Il en convient aisément ; mais il dit que c'était son intention de chercher à éloigner tous les vaisseaux de guerre anglais qui étaient dans la Manche, et à cet effet, il avait ordonné à l'Amiral *Villeneuve*, avec les flottes combinées de France et d'Espagne, de faire voile, en apparence, pour la Martinique, afin de détourner l'attention de notre flotte, et d'attirer à sa poursuite une grande partie sinon la totalité de nos vaisseaux. Les autres escadres d'observation les auraient suivis ; et l'Angleterre, par l'effet de cette manœuvre, se serait trouvée dans un état de faiblesse propre à favoriser son dessein. L'Amiral Villeneuve avait ordre, quand il serait parvenu à une certaine latitude, de retourner de suite en Europe, et ainsi, ayant évité la vigilance de Nelson, de rentrer dans la Manche. Alors la flottille serait sortie d'Ostende, de Dunkerque, de Boulogne, et de tous les autres ports voisins. Le projet était de marcher drait sur la capitale, par la route de Chatham. Il était convaincu, ajouta-t-il, qu'il aurait bien des difficultés à surmonter ; mais l'objet était si grand, qu'il justifiait l'entreprise. Mais Villeneuve, à son retour, fut rencontré par Sir Robert Calder ; et les français ayant été battus, il se réfugia au Ferrol. Alors il reçut l'ordre positif de quitter de suite ce port, suivant ses premières instructions : mais il dirigea sa course vers Cadix, ce qui était tout-à-fait contraire aux ordres qu'il avait reçus. " Il aurait aussi bien fait, s'écria Napoléon en élevant la voix et avec une extrême vivacité, de voguer vers les Grandes Indes."— En effet, deux jours après que Villeneuve eut quitté son mouillage devant Cadix, un officier supérieur de la marine y arriva pour le remplacer. La fameuse victoire de Trafalgar suivit de près, et l'amiral français mourut quelques jours après son arrivée en France : de sa propre main, *à ce qu'on dit.*

Après vous avoir donné un tel échantillon de l'activité de Napoléon, vous serez, peut-être, bien surpris d'apprendre que cet homme, qui, dans le cours de sa carrièe, paraît à peine avoir eu le tems de se reposer, et qui, pendant tant d'années, a tenu éveillé le monde entier, est devenu actuellement le dormeur le plus décidé à bord du *Northumberland.*—Pendant la plus grande partie du jour, il demeure couché sur un sofa ; il quitte la table de jeu de très-bonne heure dans la soirée : le matin on ne peut guères le voir avant onze heures ou midi, et il prend assez souvent son déjeûné au lit. Il est vrai qu'il n'a rien du tout à faire, et qu'un roman suffit quelquefois pour l'amuser.

C'était une opinion répandue par plusieurs de nos Journalistes, que Buonaparte, qui avait bravé la mort sous tant de formes sur le champ de bataille, et dont le courage ne peut, selon moi, être suspect, ne finirait point en poltron, et qu'il aurait préféré se donner la mort, que de subir la honte d'être envoyé à Sainte-Hélène comme un exilé et un captif. Le bruit de cette opinion étant venu jusqu'à lui, il dit fort tranquillement,—" Non, non, je ne suis pas assez Romain pour me détruire."

La conversation continua sur ce sujet à cause de la mention qui fut faite par hasard de feu Mr. Whitbread et de sa fin malheureuse. Cette circonstance, ainsi que le caractère politique de Mr. Whitbread,

était bien connue de Napoléon. Après l'avoir ré-
présenté comme un ami fidèle et actif de sa patrie,
mais qui n'avait jamais manifesté le moindre préjugé
ni prévention nationale contre les ennemis de cette
même patrie, il a paru disposé à attribuer ce déplorable évènement à l'humidité de notre climat. Il
n'ignorait pas les effets attribués chez nous au mois de
Novembre, et il fit nombre de questions à l'égard
des brouillards qui sont communs dans notre isle,
ainsi que de leurs effets présumés sur le systême
physique de ses habitants, effets qui vont même jusqu'à
produire ces affections hypocondriaqnce et *dégoût
de la vie,* auxquels on impute souvent l'acte du
suicide. Il s'exprima pendant quelque tems avec
beaucoup de franchise sur ce sujet, et finit en énonçant
l'opinion suivante :—" Le suicide est à mes yeux
le crime le plus révoltant, et rien, selon moi
ne peut le justifier. Cet acte provient, certainement, de l'espèce de crainte que nous appellons *Pol-
tronnerie.* Car quel titre a au courage l'homme qui
tremble devant les caprices de la fortune ?—Le véritable héroisme consiste à devenir supérieur aux
maux de la vie, n'importe sous quelle forme ils nous
appellent au combat."

—Le Général Montholon est d'un caractère gai et
agréable; mais Madame, sa très-chère épouse, a

souvent besoin de l'assistance du médecin. Son Empéreur, en s'informant à Mr. O'Meara * de l'état de sa santé, répéta la question de Macbeth, de la manière suivan te :—

" Un médecin peut-il guérir un esprit malade,
" Ou ôter de la mémoire un mal profondément enraciné ?"

Madame Montholon, dit-il, a peur d'aller à Sainte-Hélène. Elle manque de ce courage si nécessaire à sa situation, et le défaut de résolution est une faiblesse impardonnable même dans une femme."— En effet, il est très-évident que nous devons la société des dames dans notre voyage, au dévouement romanesque de messieurs leurs maris envers le personnage qui en est l'objet. Madame Bertrand ne put même engager sa femme-de-chambre à quitter Paris, jusqu'à ce qu'elle eut obtenu la permission, pour le mari et le fils de cette femme, de faire partie de la suite de Napoléon.

---

* Mr. O'Meara était chirurgien à bord du Bellérophon ; et quand le chirurgien de Buonaparte refusa de continuer à exercer sa profession auprès de lui, Mr. O'Meara lui offrit ses services ; offre qui fut hautement approuvée du commandant de la Flotte de la Manche. Je me croirais répréhensible, si je ne rendais pas hommage à la supériorité de ses connoissances, à la noblesse de son caractère et aux vertus de son cœur.

Je vais, à présent, vous donner la relation d'une conversation intéressante que j'eus avec le Comte de las Cases à l'égard de la résolution prise par Napoléon en dernier lieu de se confier à la générosité du gouvernement anglais. Il commença cette narration par la déclaration suivante : " il n'y a pas une page de l'histoire ancienne qui puisse donner des détails plus fidèles sur un évènement extraordinaire, que ceux que je vais vous faire connaître à commencer de notre départ de la France, en y joignant les circonstances qui en dépendent. Les historiens futurs essayeront, doute, d'en donner le récit ; vous pourrez alors juger de l'authenticité de leurs matériaux et de l'exactitude de leur narration.

" Du moment que l'Empereur quitta la capitale, il avait formé le projet d'aller en Amérique, et de s'établir sur les bords de quelque grande rivière, où, sans doute, plusieurs de ses amis de France seraient venus le joindre ; et, d'après l'échec définitif qu'il venait d'essuyer dans la carrière de l'ambition, il était résolu de se retirer du monde, et dans ce lieu écarté, sous les branches de son figuier, d'observer tranquillement et avec philosophie les agitations de l'Europe."—Quand je lui fis observer que les bonnes gens de Washington pourraient bien avoir d'autres idées de sa philosophie, et qu'ils ne verraient pas

avec plaisir s'établir chez eux une colonie de cette
espèce, Las Cases repliqua, " Oh, non : la carrière
politique de Napoléon est absolument terminée."—
Alors il continua en ces termes :

" A notre arrivée à Rochefort, la difficulté d'atteindre la terre promise parut beaucoup plus grande
qu'on ne le croyait d'abord. Toutes les recherches nécessaires furent faites, et on proposa plusieurs
plans : mais, après un mûr examen, il se trouva
qu'aucun n'était praticable. A la fin, comme dernière ressource, on parvint à se procurer deux chasse-
marées (petits navires à un seul mât) ; et on conçut
l'idée de traverser l'océan Atlantique dans ces frêles
batimens. Seize aspirans de la marine s'étaient en-
gagés volontairement à en diriger la course ; et on
espérait pouvoir, pendant la nuit, effectuer cette
évasion.—Nous nous assemblâmes, continua Las
Cases, dans une petite chambre, pour discuter ce
sujet important et prendre une résolution définitive ;
et je ne saurais décrire l'inquiétude qui se manifestait
sur toutes les figures dans notre petite assemblée.
L'empereur était le seul qui ne parût pas embarrassé ; il demanda tranquillement l'opinion de chacun
de ceux qui composaient sa troupe d'élite, à l'égard
de sa conduite future. La majorité était d'avis
de retourner à l'armée, attendu qu'au sud de la

France, sa cause paraissait encore prendre un aspect favorable. L'empereur rejetta de suite cette proposition, accompagnant son refus de la déclaration, faite d'un ton décidé et avec la gesticulation la plus animée, qu'il ne serait jamais l'instrument de la *guerre civile* en France. Il déclara, en outre, dans les termes qu'il avait souvent répétés depuis peu, que sa carrière politique était terminée, et qu'il ne désirait qu'un azile sûr, ce qu'il s'était promis de trouver en Amérique, et qu'il n'avait pas jusqu'à présent, le moindre doute d'obtenir. Il me demanda alors, si, comme officier de la marine, je croyais qu'on pût traverser l'Atlantique dans de pareils vaisseaux, puisqu'il n'y avait point d'autre moyen de s'évader. — " Mes craintes, ajouta Las Cases, balancèrent alors mes désirs : les derniers m'encourageaient à conseiller l'entreprise ; et les premières me faisaient hésiter à garantir la probabilité de la réussite. Ma réponse indiqua l'influence de ces deux considérations. Je répondis, qu'il y avait long-tems que j'avais quitté la marine, que je n'avais point de notions exactes sur cette espèce de bâtimens, leur force, et les facilités qu'ils offraient pour une navigation semblable à celle qu'on se proposait de faire : mais que les jeunes aspirans qui avaient offert leur services, étaient mieux en état de juger à cet égard ; et que, comme ils avaient offert de risquer leur vie en dirigeant la navigation de ces vaisseaux, je croyais, que l'on pouvait avoir beaucoup de confiance dans la sûreté de l'entreprise. Ce projet, cependant, fut bientôt abandonné, et l'on ne vit d'autre parti à prendre que de se livrer à la générosité des anglais."

" Au milieu de ce conseil nocturne, et sans la moindre apparence d'abattement causé par les opinions opposées et incertaines de ses amis, Napoléon ordonna à l'un d'eux de faire les fonctions de secrétaire, et lui dicta une lettre pour le Prince Régent d'Angleterre.—Le lendemain, je fut chargé de faire les arrangemens nécessaires avec le Capitaine Maitland à bord du *Bellerophon.*

Cet officier se conduisit avec la plus grande politesse et la courtoisie la plus distinguée, mais il ne voulut prendre aucun engagement au nom de son gouvernement ;—toute la suite de l'Empereur, à l'exception du Lieutenant-Colonel Planat, se flattait au moins qu'il recevrait le même accueil que Lucien Buonaparte dans votre pays ; et c'est dans cette attente consolante que nous arrivâmes sur la côte d'Angleterre."

Le service divin que l'on est accoutumé à célébrer à bord des vaisseaux de sa Majesté donna lieu à une discussion qu'eut Buonaparte au sujet de la religion

avec les principaux personnages de sa suite; nous fûmes
simplement informés, que leur chef avait eu dans l'a-
près-dînée, la fantaisie de raisonner sur la doctrine
religieuse : on se borna à nous assurer que ses opinions étaient fort libérales et tolérantes. Il est une
circonstance, cependant, qu'on crut nécessaire d'af-
firmer, et cela d'après sa propre autorité :—savoir,
que sa profession de la foi de Mahomet et la dévotion
qu'il avait manifestée envers le croissant, en Egypte,
n'étaient qu'un trait de politique commandé par les
circonstances.

Ceux qui nous communiquèrent ce fait, insistèrent
particulièrement là-dessus, connoissant probablement
l'horreur qu'avait excitée la conduite de Buonaparte
en Angleterre, quand il s'étoit déclaré Mahométan.
Mais les efforts bienveillans des narrateurs ne justifièrent pas l'action, et n'adoucirent pas le jugement
qu'on en avait généralement conçu. En effet, j'aurais
dû vous prévenir plutôt, pour vous rendre compte de
la connoissance que paraissaient avoir les exilés des
opinions qui ont généralement prévalu en Angleterre
à l'égard de la révolution française et de ses principaux caractères, avant la paix d'Amiens, qu' à cette
époque le Comte de las Cases avait demeuré parmi
nous comme émigré.

Je remarquerai ici que quand l'occasion s'en représentait, les zélés suivans de Napoléon ne manquaient jamais de le représenter de manière à pouvoir affaiblir les impressions défavorables qu'ils y croyent, que les Anglais ont conçue de son caractère tant public que privé. Quelqu'un ayant parlé de sa fougue ils ne la nièrent pas, mais ils cherchèrent à prouver qu'il réparait souvent ses torts, en citant ces deux anecdotes, que las Cases racontait comme luiétant personnellement connues.

" J'étais à Saint-Cloud, quand le Capitaine Mieulieuse eut audience de l'Empereur à son retour d'Angleterre. Il avait été pris sur la *Didon*, par la frégate anglaise le *Phœnix*, que commandait le Capitaine Baker.* Après que je l'eus introduit, sa majesté

---

* Peu de tems avant la bataille de Trafalgar, la Didon fut envoyée du Ferrol par ordre de l'amiral Villeneuve pour reconnoître quels vaisseaux anglais il y avait sur la côte. Cette frégate, portant 44 canons et 338 hommes, avait pour instruction d'éviter tout combat ; mais ayant rencontré le Phœnix, de 36 canons et 254 hommes, commandée par le Capitaine Baker, la faiblesse relative de cette dernière parut autoriser le capitaine français à désobéir à ses ordres ; il baissa la grande voile et mit en panne jusqu' à ce que le Phœnix se rangea bord à bord avec lui, et entama l'action ; après une lutte acharnée de trois heures, dont une partie s'écoula dans la même position, la Didon amena pavillon, n'étant absolument qu'un débris ; dans cette occasion, j'étais chirurgien à bord du Phœnix, et conséquemment je puis rendre témoignage à la conduite admirable et à l'éclatante bravoure du Capitaine Baker, de ses officiers et de son équipage.

lui dit d'un ton sévère, " ainsi, Monsieur, vous avez amené devant un ennemi d'une force inférieure : comment pouvez-vous justifier cette conduite ?" " Sire," répondit Mieulieuse, "j'ai fait tout ce qui dépendait de moi; mon équipage ne voulait plus se battre." " S'il en est ainsi," repliqua l'Empereur, " dès qu'un officier n'est plus obéi, il doit cesser de commander; sortez." Environ six mois après cette fâcheuse réception, quand la conduite du Capitaine eut été examinée, il fut nommé commandant d'une escadre à Venise.

" L'empereur avait un secrétaire de confiance, homme doué de talents supérieurs, et d'ailleurs d'une humeur si tranquille, d'un caractère si doux, qu'il était presqu'impossible de troubler l'une ou d'aigrir l'autre. La vivacité de son maître impérial, jointe aux heures incertaines et indues où il était souvent obligé d'aller à son travail, et le sang-froid avec lequel il s'y rendait toujours, sont des preuves assez fortes de l'exactitude de ce portrait. Il était rare que Napoléon prît la plume à la main; son usage était de dicter, ce qu'il faisoit avec la rapidité de la pensée : et si une idée le frappait, fût-ce à minuit, le secrétaire était appellé pour la mettre par écrit. Dans une de ces occasions, il arriva que ce secrétaire s'étant trompé sur une expression qu'il lui avait dictée, Napoléon s'emporta pour cette légère faute, et le chassa de sa présence avec beaucoup de colère. Le lendemain, il l'envoya chercher : quand ce jeune-homme entra dans le sallon, avec un visage tranquille comme à l'ordinaire, l'empereur, d'un regard sévère, lui demanda s'il avait bien passé la nuit précédente; il répondit qu'oui. " Vous avez donc été plus heureux que moi, repliqua Buonaparte : reprenez votre plume :" et il lui dicta de suite un ordre qui assurait au secrétaire une gratification considérable.

Les exilés s'attachèrent aussi à détruire une opinion qu'ils s'imaginoient avoir prévalu parmi nous, savoir que Napoléon ne possédait pas cette galanterie distinguée envers les dames, sans laquelle un français ne croit pas qu'il puisse exister aucune vertu généreuse, noble ou héroïque. Cette opinion, si en effet elle a prévalu, fut considérée par ses défenseurs zélés comme l'assertion la plus fausse et la plus mal fondée. Parmi d'autres preuves de ses tendres inclinations, on raconta que l'attachement qu'il avait pour Marie Louise était des plus sincères, et qu'un doux regard d'élle pouvait tout sur son cœur. (Rappellez-vous que c'est un français qui parle.) En même tems on avoua, que quoiqu'elle possédât ses affections constantes, néanmoins sa majesté le soupçonnait de se permettre, de tems en tems, quelque infidélité.

En effet, il est généralement connu que les dames anglaises, qu'il voyait de dessus le pont du *Belléroph-on*, arracherent de lui à cette époque les expressions d'une vive admiration. *Miss Brown*, fille du général de ce nom, attira toute son attention, aussi long-tems qu'il put distinguer ses traits.

—Vous vous rappellez, peut-être, qu'il y a quelques années, quand le Marquis de Wellesley était secré-taire d'état des affaires étrangères, Sir George, qui n'étant alors que le capitaine Cockburn, commandait le vaisseau de sa majesté *l'Implacable*, fut principale-ment choisi pour conduire avec le baron de Colai, Polonais, une entreprise secrette, ayant pour objet d'effectuer l'évasion de Ferdinand VII d'Espagne, qui était prisonnier au château de Valençai. J'ai maintenant acquis la faculté de jetter quelque jour sur cette anecdote intéressante, par les dé-tails que m'ont donné ceux qui en connoissaient la triste conclusion.

Tout ce qui dépendait de la vigilance active, patiente et continuelle du capitaine Cockburn, à qui une partie si importante de ce dessein secret avait été confiée, fut accompli, et il n'est pas nécessaire d'ajouter, que les officiers sous ses ordres y coopérèrent avec la même ardeur. Au tems marqué, ils arrivèrent à l'endroit où le baron devait commencer à se charger du rôle qui lui avait été assigné dans cette entreprise hardie et dangereuse ; on avait caché de l'argent et des bijoux dans les différentes parties de son habillement, comme un *vade mecum* essentiel. Il se flattait d'être de retour dans un mois, et tous les signaux nécessaires étaient convenus pour assurer sa retraite sur le vaisseau avec son royal butin. Cependant bien du tems se passa sans qu'on entendît parler du baron ; et *l'Implacable*, après une course fatigante et inutile, rentra dans le port.

L'entreprenant Polonais devint alors le sujet de diverses conjectures. On supposa successivement qu'il avait trahi son secret ; ou qu'il avait été saisi comme espion, et fusillé ; ou que le faible et aveugle prince, pour le salut duquel le baron s'était dévoué à tant de danger, avait révélé le projet, et perdu son associé par cette découverte. Mais le sort du malheureux baron cessa enfin d'être un mystère. Les témoins nécessaires pour éclaircir cette affaire sont présens : Savary, qui était ministre de la police à l'époque de cette expédition secrète, fait partie de la suite de Napoléon, et par conséquent a pu dire tout ce qu'il savait sur cet article, pendant que son maître était sur les lieux pour confirmer ou rectifier sa déposition. Sir George Cockburn n'a donc point éprouvé de difficulté, au moyen du caractère officiel dont il est revêtu, pour connaître le dénoûment de l'aventure du chevaleresque baron ; sur le sort duquel sa générosité connue porte à croire qu'il éprouvait quelque chose de plus que de la curiosité.

Le baron, à ce qu'il paraît, arriva en sûreté au lieu de sa destination ; mais l'amour, ce Dieu tout-puissant, fut le premier objet de ses soins. Une dame de Paris, qu'il aimait passionnément, l'attirait d'une manière irrésistible vers cette capitale ; c'est donc là qu'il dirigea d'abord ses pas : mais à peine était-il depuis deux heures dans ses murs que quelques-uns des shires de Savary saisirent l'imprudent et malheureux Polonais, le dépouillèrent de ses habillemens, avec les trésors qui s'y trouvoient cachés, et le menèrent en prison. L'entreprise était donc manquée : mais Buonaparte désirait savoir si le monarque emprisonné en avait connaissance. Un homme adroit fut chargé de représenter le baron ; et, muni de tous ses faux passeports, déguisé sous de riches habillemens, il fut introduit en présence de Ferdinand ; mais quoique les gardes eussent été éloignés exprès pour lui donner toute la facilité possible de s'évader, le prince captif n'osa pas courir les dangers de l'entreprise.

A notre approche de l'isle de Madère, le mauvais tems nous empêcha tout-à-fait de la distinguer jusqu'à ce que nous fussions entre Puerto-Santo et les Déserts. Cette dernière isle, entouré de rochers presqu'à pic, à quelque ressemblance avec celle de Sainte-Hélène. Je fis part de cette circonstance à las Cases, qui la communiqua de suite à Napoléon; celui-ci, ayant quitté la table plutôt qu'à l'ordinaire, vint nous joindre sur la poupe; mais la comparaison de ce qu'il voyait en ce moment, avec l'image qu'il avait lieu de se former du triste séjour qu'il allait bientôt habiter, ne lui arracha pas une seule parole. Il haussa les épaules d'une manière significative, et sourit avec dédain : ce furent ses seules démonstrations. La côte fertile et le riant aspect de l'isle de Madère ne pouvaient exciter en lui qu'une sensation désagréable, par le contraste qu'ils présentaient avec l'idée qu'il s'est faite du noir et sourcilleux rocher de Sainte-Hélène. — Je lui avais prêté l'ouvrage de *Johnson*, concernant l'influence des climats situés sous le tropique, sur la constitution des individus nés en Europe.—Cet écrivain a été très-prodigue d'éloges sur Sainte-Hélène, mais il avoue qu'il n'y resta que trois jours; et notre rusé lecteur tourna en ridicule cette description enthousiaste d'un lieu que le narrateur n'avait vu qu'en courant.

Un vent de sirocco avait soufflé pendant quarante-huit heures avant notre arrivée à Madère, et avait fait beaucoup de dégâts parmi les vignes de l'isle. —Cette circonstance sera sans doute attribuée par ses superstitieux habitants à l'apparition funeste de Buonaparte sur leurs côtes, et tous les saints du paradis seront probablement suppliés d'accélérer notre départ.

Je finirai cette lettre en vous disant que nous avons sous les yeux un superbe paysage. Ma prochaine vous donnera peut-être la nouvelle de notre arrivée au rocher stérile de Sainte-Hélène. Mais quelque part que je sois, vous savez je m'en flatte, avec quelle sincérité,

Je suis, &c. &c.

W. W.

EN MER.

MON CHER AMI,

A peine notre grand-homme laisse-t-il passer un seul jour sans s'informer de la santé de l'équipage, et de la nature des maladies qui y existent, ainsi que de leur mode particulier de traitement.

Les maladies dominantes à bord du *Northumberland* exigent un fréquent usage de la saignée. A notre départ d'Angleterre, nous avions un équipage composé d'hommes jeunes, vigoureux, et bien portans, mais ayant des constitutions sujettes à être altérées par une température ardente. Buonaparte paraît avoir un préjugé très-fort contre la saignée, qu'il appelle *la méthode de Sangrado*, et il n'a pas manqué, dans nos premières conversations, de traiter ce sujet avec un degré d'engouement et de plaisanterie qui prouvaient que les grands évènemens de sa vie n'avaient pas effacé de son souvenir la satyre dramatique de Le Sage *. Il insista sur la nécessité de ménager ce fluide précieux, lors qu'il était à craindre que la quantité n'en diminuât ortement, selon lui, attendu que la nourriture à bord d'un navire n'étoit pas assez substantielle pour remplacer ce qu'on en perdait par la phébotomie. " Un français, s'écria-t-il, ne se soumettrait jamais au régime du Docteur Espagnol."

Alors je lui ai fait l'observation, que les français ne mangeaient pas tant de viande que les anglais ; "vous vous trompez, dit-il, ils en mangent autant, mais leur cuisine est différente." Cependant il ne se refusait pas à la conviction, et quand il eut été té-

------

* **Auteur de Gil Blas.**

moin de l'état de santé de toute la flotte, et surtout des bons effets de la pratique qu'il avait tant ré-
prouvée et ridiculisée, il ne la combattit plus par le
raisonnement ; mais elle continua de fournir matière
à ses observations facétieuses.   Quand il me rencon-
trait, il appliquait ses doigts sur son bras, et me
demandait :—" Eh bien, combien en avez-vous saigné
aujourd'hui ?"—Et il ne manquait pas de dire, quand
il y avait de ses gens qui étaient malades :—" Ah,
il faut le saigner, appliquez la lancette ; c'est le remède le plus infaillible."—Il avait cependant vu le
bon effet qu'elle avait produit sur Madame Bertrand.
Cette dame était attaquée d'une fiévre inflammatoire ;
ayant consenti à se laisser tirer deux livres de sang,
ainsi qu'à s'abstenir de l'usage du vin et de toute
espèce de viandes, le systême de Sangrado effectua
sa guérison, et acheva de rendre son empereur notre
prosélyte à l'égard de cette pratique.

Pour lui, il a raison de se louer de sa santé ; et
quand on considère à combien de climats différens
il s'est exposé, et par combien de fatigues il a
passé pendant les vingt-cinq dernières années, la
bonne santé qu'il a toujours eue, et dont il jouit encore ;
est tout-à-fait étonnante.—Il dit qu'il n'a été malade que deux fois dans sa vie. La première fois
il prit quelques drogues ; et la seconde, étant une

maladie pulmonaire, exigeoit un vésicatoire. Mr. O'Meara, son chirurgien, parle avec admiration de son tempérament, et dit que son pouls n'excède jamais soixante-deux pulsations. Ce qu'il dit de lui-même, est, qu'il a un tempérament très-colérique, mais que sa violence fait bientôt place, non-seulement à la tranquillité, mais à la froideur et à l'indifférence. Je ne l'ai jamais entendu, en parlant de sa constitution et de la vigueur extraordinaire de sa santé, faire allusion à l'âge qu'il avait atteint, ou à quelque calcul sur la probabilité qu'il avait de jouir d'une longue vie. On lui a souvent entendu répéter qu'il aurait dû cesser de vivre dès le jour où il entra dans Moscou ; vû qu'il était arrivé alors au faîte do sa gloire militaire. C'était même l'avis de ses amis, qu'il aurait dû se déterminer à ne pas survivre à cette époque.

Il faut que je revienne à la saignée, parce que j'ai omis de parler d'une conversation qui a eu lieu à ce sujet, et qui fournit une autre preuve de sa curiosité ou de son inquiétude, et peut-être de toutes les deux. Il m'appella l'autre jour sur le pont, et me fit les questions suivantes relativement à cette partie de l'art médical : " Un homme qui est attaqué des maladies auxquelles on est exposé sous le tropique, et dont l'état exige une copieuse saignée, peut-il

se flatter de recouvrer dix-huit mois après, une santé
pareille, à celle dont il jouissait avant cette,
perte ? — Combien de tems faut-il aux veines
pour se remplir, après qu'elles ont perdu une partie du sang qu'elles contenaient ; et quelle quantité
de ce fluide le corps humain peut-il perdre sans que
mort s'en suive ?" Après quelques raisonnemens
sur ces deux points, je lui ai causé beaucoup de surprise par le détail d'un cas extraordinaire que je trai-
tais précisément alors. Un matelot était à l'infirmerie
comme attaqué d'une fluxion de poitrine. Le second
jour son pouls était à cent cinquante par minute, et
l'estomac ne pouvait garder pendant deux minutes ni
drogues ni aliment quelconque. En trois jours, le
malade avait perdu quinze livresde sang ; et le pouls,
quoique encore bien dur, était réduit à quatre-vingt
sept. Rien de solide ne put lui rester dans l'estomac
pendant trois mois ; cependant l'homme se porte
bien actuellement. Vous avouerez certainement que
cet incident a eu lieu à point nommé, et suffisait pour
convertir Buonaparte au système de la lancette. Il
m'a décrit une maladie pulmonique dont il était affecté à son retour d'Egyyte ; et il ma' demandé quel traitement j'aurais adopté dans ce cas. " Auriez-vous fait,
ajouta-t-il, comme *Corvisart?* il m'a appliqué deux
vésicatoires." Je lui ai répondu, que je l'aurais probablement saigné avant l'application du vésicatoire ;

parcequ'à leur naissance les affections de poitrine
sont ordinairement accompagnées d'inflammation.
Cette conversation me procura naturellement l'occasion de lui demander s'il dormait bien; je sentis,
en même tems, que c'était une question fort hasardée,
et je n'aurais pas été surpris s'il m'avait tourné le
dos sans me répondre; mais il repliqua, plutôt avec
un air de chagrin que d'humeur, " Non; dès le
berceau j'ai été un mauvais dormeur."

Adieu, &c. &c.

W. W.

EN MER.

MON CHER AMI,

   Je commencerai cette lettre en
vous faisant connaître un personnage très-intéressant,
dont jusqu'ici le nom n'avait pas encore été prononcé
dans nos conversations sur le pont. C'est l'impératrice
Joséphine. On en fit mention par hasard, et aussitôt
elle devint le sujet des plus vifs éloges; on la dépeignit comme possédant une douceur de caractère,
une élégance de manières et une mélodie d'organe qui
charmaient tous ceux qui étaient admis en sa présence.
La perte subite de cette excellente femme a été généralement déplorée; on l'attribue à une circonstance

I

extraordinaire, et, indirectement, à un personnage de la plus haute distinction. Je vous raconterai l'événement dans les mêmes termes dont s'est servi le Comte de las Cases, pour autant au moins que ma mémoire me le permettra ; il m'a garanti l'exactitude de ce récit. Joséphine, à ce qu'il paraît, avait inspiré tant d'admiration et d'estime à l'empereur Alexandre, que sa majesté impériale consacrait une grande partie de ses loisirs à jouir du charme de sa conversation. Ses visites chez elle n'étaient pas seulement fréquentes, mais continuelles pendant son séjour à Paris. Joséphine ne jouissait pas d'une bonne santé, et dans une occasion particulière, son médecin lui avait prescrit un régime dont la nature exigeait les plus grandes précautions, ainsi qu'une réclusion absolue dans sa chambre; mais, à cette époque, l'Empereur étant allé la voir, son respect pour ce prince lui fit commettre une imprudence : elle le reçut comme à l'ordinaire, et ils se promenèrent, pendant toute la durée de la visite, dans les jardins de la Mal-maison : promenade dont les suites furent fatales ;—Joséphine fut saisie d'une inflammation de poumons, qui résista à tous les efforts de l'art, et à laquelle elle succomba en quelques jours.

C'est d'après la même autorité que je vous ferai l'histoire de son mariage avec Napoléon, qui diffère certainement beaucoup, autant que je puis m'en souvenir, des récits les plus accrédités quant à cet évènement ; ce n'est pas à moi, au reste, à tâcher de concilier entr'elles des narrations opposées ; je dois me borner à raconter, pour votre amusement, ce que j'ai entendu, et à citer mon auteur : voici l'histoire.

C'est à l'occasion d'un ordre donné par la convention pour le désarmement des citoyens, que Buonaparte, alors Général, et investi d'une autorité militaire fort étendue, fit la connaissance de Joséphine. Son mari, dit-on, était mort dix-huit mois avant la circonstance dont je viens de parler, laissant un fils, Eugène Beauharnais, à cette époque jeune-homme fort intéressant, qui saisit l'occasion d'aborder le général à la parade, et lui redemanda l'épée de son père, laquelle, d'après l'ordre récemment publié, avait été enlevée de la demeure de sa mère. Buonaparte, ému de la demande, autant que du ton animé et plein de franchise dont elle était faite, l'accorda de suite. Le lendemain, la mère écrivit une lettre pour remercier le général de sa bonté envers son fils. Cette attention reconnaissante donna lieu à une visite de la part de ce dernier ; mais la dame n'était pas chez elle : à son retour, elle envoya un billet d'excuses et d'invitation particulière. Une entrevue s'en suivit ; Buonaparte fut captivé, et six mois après ils étaient mariés. On a généralement pensé que son second hymen n'avait pas détruit sa tendresse pour elle ; et même ceux qui étaient à portée de former un jugement exact sur l'affaire, croyaient qu'il lui aurait donné des preuves plus marquées de ce sentiment, si la jalousie de la nouvelle impératrice n'y eût mis obstacle.

Après vous avoir donné lieu de croire que Napoléon n'était pas insensible à l'amour, je citerai Madame Bertrand pour vous persuader qu'il n'est pas incapable d'amitié. Elle nous a raconté avec chaleur les adieux de Duroc, duc de Frioul, à son souverain affligé. Cet officier qui, à ce qu'il paraît, occupait un haut rang dans l'opinion et dans la confiance de son maître, fut frappé d'un boulet de canon, tandis qu'il reconnaissait une position où l'armée pût passer la nuit ; et ses entrailles lui sortant du corps, étaient tombées à terre, quand il eut le courage extraordinaire de les ramasser et de les remettre en place avec ses mains. Dans cette affreuse situation, il fut porté dans une chaumière voisine, où il vécut vingt-quatre heures. La gangrène se manifesta peu après, et son corps exhala bientôt une infection qui ne fit qu'augmenter. Après qu'il eut été quelque tems dans cet état, l'empereur vint le voir et le consoler. Le mourant, après avoir exprimé sa reconnaissance à son maître pour cet acte de bonté, avec le langage de la loyauté et du dévouement le plus entier, recommanda sa femme et sa fille à sa protection impériale, et le pria de partir, de peur que les miasmes qui sortaient de son corps, ne fussent contagieux. Elle dépeignit la douleur de Napoléon comme tout-à-fait romantique, et raconta comme un fait positif qu'il resta pendant une nuit entière, sans que le sommeil pût approcher de ses yeux, penché sur la pierre qui couvrait le tombeau de son ami.

On dit qu'il éprouvait un attachement non moins vif pour Lasnes, duc de Montebello, qui fut tué à la bataille d'Essling, et qu'à cette occasion il y eut une scène toute pareille de douleur et de tendresse. Ce brave officier fut obligé de se soumettre à l'amputation d'une jambe au-dessous du genou, et de l'autre au-dessus de la cheville. Buonaparte et Bertrand allèrent le visiter dans cette occasion malheureuse, sur la rive gauche du Danube. Bertrand tâchait de le consoler en comparant sa situation à celle du brave Caffarelli, quand celui-ci l'interrompit en disant avec beaucoup d'expression, " L'attachement de Caffarelli pour l'empereur était froid, quand on le compare avec la force de mon amitié."

Le dimanche, à la table de l'amiral, Buonaparte catéchisa l'aumônier du *Northumberland* de la manière vraiment curieuse et inattendue qu'on va voir.

quoique ce savant théologien soit en état de répondre à des questions beaucoup plus subtiles à l'égard de la foi qu'il enseigne, ainsi que de tout ce qui y a rapport.

Combien l'église anglicane reconnaît-elle de sacrements ?

—Deux : le baptême et l'eucharistie.

—L'église anglicane ne considère-t-elle pas le mariage comme un sacrement ?

—Non.

—Quelle est la doctrine de l'église anglicane ?

—La doctrine de l'église anglicane est Luthérienne ou protestante-épiscopale.

—Le sacrement de l'eucharistie est-il souvent administré ?

—Dans les églises de la capitale, ainsi que des autres cités et grandes villes, l'eucharistie est administrée *tous les mois*; mais dans les églises de village, où la population n'est pas si grande, c'est par trimestre.

—Les fêtes de la nativité de Notre Seigneur, ou Noël, de la résurrection, ou Pâques, de la descente du Saint-Esprit, ou Pentecôte, et la fête de Saint-Michel, sont les quatre époques où l'on communie.

—Tous les communiants boivent-ils au même vase ?
—Oui.

—Le pain dont on se sert pour communier, est-il du pain ordinaire ?

—Le pain est de froment, et le meilleur qu'on puisse se procurer.

—Supposé qu'on ne pût pas trouver de vin pour l'administration du sacrement, pourrait-on faire usage d'une autre liqueur ?

—Il n'est nullement probable qu'un cas pareil soit jamais arrivé, car on trouve à se procurer du vin dans tous les endroits du royaume.

—Les évêques prêchent-ils souvent ?

—Rarement ; ce n'est que dans les occasions extraordinaires.

—Portent-ils la mître ?

—Je crois pouvoir répondre,—jamais : quoique j'ignore si les archevêques la portent ou non, dans les cérémonies du couronnement.

—Les évêques n'ont-ils pas un siège dans la chambre des pairs ?

—Oui.

—Combien de tems faut-il passer à l'université avant qu'on ne puisse devenir Doctenr en théologie ?

—Dix-neuf ans à partir du tems de l'immatriculation.

—Quels sont les lieux les plus estimés pour l'éducation des aspirans aux Ordres ?

—Les Universités d'Oxford et de Cambridge.

—Y a-t'il des Puritains (il voulait dire des Presbytériens) en Angleterre ?

—Il y en a beaucoup.

—Quelle est la doctrine religieuse de l'Eglise Ecossaise ?

—La doctrine de cette Eglise est Calviniste. Elle n'admet pas l'épiscopat ou l'autorité des évêques. Ceux qui en font partie, portent le nom de Presbytériens, parcequ'ils sont dirigés par l'autorité des prêtres et des anciens.

—Qu'est-ce qui tient les registres des baptêmes, des mariages et des décès ?

—Ils sont ordinairement confiés aux ministres; mais il est plus régulier de les garder dans un coffre-fort, déposé dans la sacristie de l'Eglise de la paroisse. Ce coffre est garni de trois serrures d'une construction différente : ainsi il ne peut, ou au moins ne doit pas être ouvert sans le consentement de trois personnes :—le ministre, et les deux marguilliers, dont chacun garde sa clef *officielle* et séparée.

L'idée des clefs et des serrures a probablement excité chez notre captif curieux des sensations qui ne sont pas tout-à-fait agréables, et il termina là ses questions.

On peut dire que tout est possible, quand Dieu le veut ; et l'on cite à ce sujet l'observation faite par un bourgmestre Hollandais, qu'un homme avoit été amené un jour devant lui pour s'être mordu le bout du nez.—Mais assurément, on peut considérer comme un article remarquable du chapitre des invraisem-

blancs, surtout d'après la première partie de la vie de
Buonaparte, qu'on l'ait vu catéchiser un Aumônier,
à bord d'un vaisseau de guerre Anglais dans son passage à Sainte-Hélène, à l'égard des usages, cérémonies, doctrines, &c. de l'Eglise Anglicane.

La cérémonie du passage de la ligne, jour de ju-
bilé pour les voyageurs de toutes les nations maritimes, est si bien connue, qu'il serait inutile d'en donner une description minutieuse, quoique dans cette
occasion il y ait eu plus de solemnité qu'à l'ordinaire : on doit avouer que les membres de notre société
française se sont soumis avec beaucoup de bonté aux
libertés, nouvelles pour eux, de nos saturnales maritimes, et le Neptune, ainsi que l'Amphitrite du jour,
n'ont eu aucun motif de se plaindre. Ils étaient
assis dans un bateau rempli d'eau, ayant pour trône un
cuvier, et pour sceptre la brosse d'un peintre. Ils
étaient environnés de leurs Tritons, qui consistaient
en cinquante ou soixante des plus forts lurons de
l'équipage, nus jusqu'à la ceinture, et peints de diverses couleurs, dont chacun portait un séau d'eau
salée, pour baigner plus ou moins les sujets du Dieu
de la Mer. On imaginera jusqu'où vont les privilè-
ges de ce passe-tems, quand je dirai que le capitaine
Ross, qui commandait le vaisseau, reçut le contenu

d'un séau sur le corps avec l'enjouement le plus aimable.

Bertrand, Montholon, Gourgaud et las Cases, avec
tous leurs domestiques, se présentèrent aussi devant
Neptune, divinité temporaire, mais puissante, et ils
reçurent de fort bonne grâce leur part des ablutions.
Les deux premiers conduisaient leurs enfans, dont
chacun présenta, dans ses petites mains étendues, un
double napoléon, comme offrande à la Déité qui
règne sur les mers. Un petit garçon chanta l'air de
"la chère petite isle" dont plusieurs vers ne sont pas
un compliment très-flatteur pour les ennemis de la
Grande-Bretagne; mais nos français prirent fort
galamment la chose. Les dames, placées à une
certaine élévation, furent témoins de la cérémonie,
qui parut les amuser et les étonner. Neptune se
trouva un peu frustré dans son attente, parce que Napoléon ne parut pas; quoiqu'il ait reconnu ensuite sa
dignité de souverain des mers par le tribut qu'il lui
envoya. Bref, la meilleure humeur a régné jusqu'à la
fin de cette solemnité.

—Vous, mon ami, qui avez suivi d'un œil si atten-
tif la carrière extraordinaire de Napoléon, au poin
que je suis devenu biographe, seulement pour satisfaire votre curiosité touchant ce personnage remar-

quable, vous pourrez, je crois, vous rappeller, quoique cette circonstance ne se présente pas clairement
à mon souvenir, qu'après la paix de Tilsit, on parla
d'un mariage projetté entre l'Empereur de France et
une princesse de Russie. Cette anecdote paraît bien
connue à bord; et on dit, de plus, que le défaut de
réussite de cette négociation est dû aux préjugés
religieux de la mère de cette princesse, qui voulait
établir les rites de l'église grecque au palais des Tuileries. Je vous communique ceci comme un petit
article de nos tête-à-tête politiques, et pour votre
amusement.

Je reviens encore une fois à l'objet de vos demandes particulières, parce qu'il offre quelques circonstances, qui, je le sais, vous feront plaisir, et qui achè-
veront de completter ma description.—Napoléon a
une figure vraiment singulière, large et pleine, mais
annonçant une bonne santé. Lorsqu'il parle, ses
traits ont peu de mobilité, excepté ceux qui sont près
de la bouche; et son front est tout-à-fait uni : celui
d'un français est ordinairement ridé, à cause de l'effort habituel des muscles du visage, que nous appellons
grimace; mais quoique Napoléon mette souvent beaucoup de feu dans la conversation, on ne découvre
jamais la moindre contorsion sur son visage.—Quand
il désire faire une question, il l'accompagne fréquem-

ment d'un geste de la main ; c'est le seul qu'il fasse, et si je parlais d'un *petit-Maître*, je croirais qu'il apporte de la coquetterie à mettre cette main en évidence, car elle est fort bien faite.—Il sourit quelquefois, mais ne rit jamais : je n'ai pas encore vu, quand la plus grande gaîté régnait parmi nous, qu'elle fût contagieuse pour lui. Ces enfans intéressans, qui amusent ici tout le monde, n'attirent pas son attention. Il y a un grand et bon chien de Terre-Neuve qui est le compagnon ordinaire de leurs jeux, et dans une situation telle que la nôtre, où les amusemens d'une vie active ne peuvent avoir lieu, les intermèdes de ces petites créatures donnent beaucoup d'amusement à ceux qui sont autour d'elles; mais ils n'ont jamais arraché un sourire, suivant ce que j'ai observé, au spectateur ex-impérial. Une fois, tandis que Bertrand était en conversation avec son maître, la petite fille du comte vint les interrompre pour leur raconter une histoire, et toutes les réprimandes du père ne purent lui imposer silence. A cette occasion, Napoléon la prit par la main, et quand il eut entendu son histoire, il l'embrassa. Mais il a probablement fait cette caresse à l'enfant comme le seul moyen de s'en débarrasser, et en même-tems pour ne pas faire de la peine au père.—Vous direz peut-être, quand vous en aurez lu un peu plus, que nous avons besoin d'amusemens à bord d'un vaisseau, ce que je sais aussi bien que vous, et que des bagatelles nous amusent ; cependant, comme vous êtes père de famille, je vous dirai quelque chose qui, je crois, vous fera plaisir. —Plusieurs tentatives ont été faites pour triompher de la loyauté des petits Bertrands, en les engageant par des paroles séduisantes à crier : *vive le Roi* et *vive Louis XVIII.* Mais les deux aînés sont des enfans fidèles et sincères, et n'ont jamais manqué de répondre *vive l'Empereur !* Le plus jeune des trois s'est cependant laissé gagner par des bonbons, et a crié *vive Louis XVIII !* car, en fin politique, il ne voulait pas ajouter les mots *vive le Roi !* et cette coupable félonie ne manquait jamais de lui attirer les reproches de ses incorruptibles frère et sœur. On dit que ce charmant enfant ressemble au jeune Napoléon; il a reçu parmi nous le titre de *John Bull,* qu'il conserve avec triomphe : ainsi, quand on lui demande comment il s'appelle, il répond d'un air d'orgueil et de satisfaction : "Jean Booll."

—Vous me connaissez depuis long-tems, et vous avez connu généralement toutes mes vues; mais qui peut prévoir ce qu'il deviendra un jour ! Et pouviez-vous supposer que jamais je serais devenu maître de langue anglaise, surtout pour l'ex-grand-Maréchal du Palais des Tuileries : quoique j'aie lieu de me louer de mon élève pour son caractère aimable, sa franchise militaire, et son esprit cultivé. Il parle anglais assez bien pour se faire entendre, mais il a l'accent français très-marqué, ce dont il veut se corriger, et j'ai entrepris de lire avec lui. Telle a été mon occupation pendant les quinze derniers jours. Nous avons lu *le Vicaire de Wakefield* avec beaucoup de succès; *Roderic Random* et *l'histoire d'un petit Matelot* nous occupent maintenant. Les termes de marine et le langage des matelots sont très-embarrassans, d'autant plus que mon élève persévérant ne passe pas une seule phrase sans que je lui donne la meilleure explication possible.—Le *voyage du docteur Syntax* nous reste encore, et nous durera probablement jusqu'à Sainte-Hélène.

—Comme vous m'avez prié de ne pas omettre la moindre chose de ce qui touche notre principal passager, je vous dirai que le comte Bertrand, dans les détails qu'il me donnait de la guerre d'Allemagne en 1807, prit occasion d'observer que Buonaparte n'employait que rarement les espions. Il paraît que pendant sa carrière militaire, il n'a eu connaissance que d'une seule fois que son maître ait eu recours à ce moyen, ce qui eut lieu en Italie; en même-tems il avoua que les avantages qui en étaient résultés, étaient de la plus haute importance. En parlant des talents de Napoléon, pour lesquels il professe la plus haute admiration, il s'exprima de la manière suivante :—"Au commencement du tems où je fus honoré de la confiance de l'Empereur, il m'employa pour une opération particulière, et le zèle ne me manquait pas pour m'en acquitter ; mais je la trouvai impraticable, et je n'hésitai pas à lui communiquer mon opinion.—"Cela peut vous paraître ainsi, repliqua-t-il, mais de quelle manière vous y êtes-vous pris "? Je lui désignai de suite les moyens que j'avais employés. "Vous avez échoué, dit-il, dans vos plans : voyez maintenant si vous pourrez réussir dans l'accomplissement des miens". Il me les expliqua : —je les suivis et je réussis. Je fus alors convaincu qu'aucun de ses ordres ne manquerait jamais de réussir ; et dans ce qu'il me confia depuis, l'idée de l'impossibilité ne s'est jamais présentée à mes pensées."

J'ai remarqué que notre grand-homme joue aux cartes avec négligence, et qu'il perd son argent de fort bonne grace. Il est même souvent très-peu exact à compter ses points, etc. ; et je suis bien sûr que c'est autant à sa perte qu'à son avantage. Il ne porte peut-être pas la même indifférence aux échecs, jeu savant, indépendant du hasard, et qui, comme on l'a dit, ressemble beaucoup aux manœuvres militaires. Cependant, quelle que soit sa force, je soupçonne que Montholon, quand il joue avec lui, a toujours grand soin de perdre. J'ai lu, je ne me rappelle pas dans quel livre, qu'un grand capitaine, ayant perdu aux échecs contre un de ses officiers subalternes, fut si irrité, qu'il tira un coup de pistolet à son adversaire victorieux, qui en mourut. L'aide-de-camp français a peut-être entendu parler de cette histoire.

Ayant passé la ligne, un vent du Sud-Ouest nous obligea de faire un grand détour au-delà du golfe de Guinée, avant que nous pussions nous diriger vers notre destination. Le soleil du 14 Octobre 1815 nous donna encore un rayon de lumière avant de disparoître sous l'horison. A la faveur de cette clarté passagère, nous apperçûmes le sommet du rocher de Sainte-Hélène. Bientôt parut la mémorable matinée qui devait commencer l'exil de Napoléon. Cette nouvelle partie de son histoire sera le sujet de ma prochaine lettre.

Adieu, &c. &c.

W. W.

SAINTE-HÉLÈNE.

MON CHER AMI,

Il est plus facile de concevoir que de décrire la sensation excitée par l'arrivée de ce personnage extraordinaire, dans l'intéressante petite colonie de Sainte-Hélène. La curiosité, l'étonnement, ainsi que l'intérêt, s'unissaient pour tirer les habitants de leur tranquillité accoutumée, et les mettre dans un état de sollicitude et d'activité.

Napoléon resta dans sa chambre au moins une heure après que le vaisseau eut jetté l'ancre dans la baie; cependant, quand il n'y eut plus personne sur le pont, il fit son apparition, et monta l'échelle de la poupe, d'où il pouvait examiner à son aise la rangée de canons qui luisaient au débouché de la vallée, au centre de laquelle est la ville de Jamestown, la seule qu'il y ait dans l'isle. Pendant tout ce tems, j'examinai son visage avec la plus grande attention; ses traits ne décelaient aucune sensation particulière; il regardait ce spectacle comme tout autre homme aurait regardé un lieu qu'il eût vu pour la première fois. Je saisirai cette occasion de vous dire que, pendant tout le voyage, ainsi que dès le moment où le *Northumberland* a quitté l'Angleterre, jusqu'à son arrivée à Sainte-Hélène, je n'ai jamais observé le moindre changement dans la physionomie calme et les manières polies de notre passager distingué; et je n'ai jamais entendu dire qu'il y eût personne à bord du vaisseau qui eût remarqué en lui la moindre trace de mécontentement ou d'humeur chagrine. Les dames, à la vérité, ont exprimé un sentiment pénible à la première vue de leur cage ; mais cependant leur conduite générale dans cette occasion a prouvé un empire sur elles-mêmes qu'on n'en attendait pas.

Le premier soin de l'amiral fut de prendre les arrangements nécessaires pour loger convenablement Napoléon et sa suite ; et la maison du lieutenant-gouverneur fut préparée pour cet objet, en attendant que l'on eût pu disposer un lieu convenable pour sa résidence fixe. Ils n'ont donc débarqué que le 17 au soleil couchant. Ce jour-là les habitants de la ville, fatigués d'attendre le débarquement de Buonaparte, s'étaient retirés dans leurs maisons, et celui-ci, selon le désir qu'il exprimait, entra après le coucher du soleil (et sans avoir été apperçu) dans la maison où il devait passer la première nuit comme habitant de Sainte-Hélène.

Le lendemain matin de bonne-heure, le général monta à cheval, accompagné de sir Gsorge Cockburn. Ils gravirent la montagne jusqu'à *Longwood* ; ce rocher d'Afrique devait être maintenant la demeure tranquille et monotone d'un homme, qui avait possédé des palais superbes dans plusieurs grandes villes de l'Europe.

A peu-près à un mille de la ville, et à mi-côte, est située la maison de campagne de Mr. Balcombe, négociant respectable de l'isle : elle est nommée *the Briars*, (les Ronces) et elle est située sur un terrain si uni, qu'on le croirait presqu'applani par la main de l'homme sur cette montagne escarpée. Elle occupe à peu-près deux arpens de terre, et est arrosée par un courant d'eau, dont la fraîcheur produit une fort belle végétation : ce terrain, couvert d'arbres fruitiers, forme le plus agréable contraste avec le reste du paysage ; il paraît être suspendu entre les rochers ménaçants qui s'élèvent au-dessus, et les abîmes qui sont à ses pieds. Napoléon eut envie de s'y arrêter en descendant de *Longwood*, et les instances de l'aimable propriétaire de la maison le firent renoncer à l'intention de retourner à la vallée ; par ce moyen, Napoléon évita les regards du public qui attendait sa présence.

A peu-près à cinquante verges de la maison, sur une éminence, est situé un bâtiment gothique, ayant une chambre en bas et deux en haut. C'est cette maisonnette que Napoléon a choisie pour sa demeure jusqu'à ce que *Longwood* soit achevé. Il n'y a pas grand choix dans la distribution de ce logement ; il a donc occupé le rez-de-chaussée, pendant que las Cases avec son fils, qui est page, et un valet de chambre se sont logés au-dessus.

Quelques jours après qu'il eut fixé sa demeure *aux Ronces*, j'ai été lui rendre une visite. Je l'ai trouvé couché sur un sofa, paraissant incommodé de la chaleur. Il me dit qu'il avait été se promener au jardin, mais qu'il avait été forcé de rentrer, attendu l'ardeur du soleil. Il paraissait de bonne-humeur, et s'exprima avec beaucoup de politesse, surtout en s'informant de la santé des officiers du *Northumberland*. Après quelques questions touchant les restrictions imposées à ceux qui venaient le visiter, " Je vois, me dit-il, qu'il y a des forces considérables dans l'isle, et plus peut-être qu'elle n'est capable d'en nourrir. Qui a donc pu engager votre gouvernement à envoyer ici le cinquante-troisième régiment ? Il y avait certainement une garnison suffisante pour ma garde ; mais voilà comment, vous autres anglais, vous jettez votre argent par la fenêtre. " Je lui répondis sans hésiter : "Vous devez bien avouer, général, que quand une mesure est une fois prise, la meilleure politique est d'employer tous les moyens qui peuvent en assurer le succès." " Vous pourrez croire, mon ami, que ma réponse lui a déplu, mais la manière dont il l'accueillit, m'a convaincu qu'il était plus content de ma franchise que d'un compliment, métier dans lequel vous savez que je suis fort mal-adroit. Je pris alors congé, et je descendis avec le comte Bertrand pour dîner.

(85)

Ce n'est que vers le milieu de novembre que j'ai
fait ma seconde visite *aux Ronces*, où Mr. Balcombe
m'avait invité à dîner.   Etant arrivé quelque tems
avant qu'on ne se mît à table, je voulus m'amuser à
examiner les lieux cultivés qui sont attachés au
domaine.   Je pris par hasard le chemin qui conduit
aux jardins : à l'endroit où il se termine, commence
une allée étroite, formée de poiriers sauvages.   A
l'angle formé par les deux chemins, je rencontrai
Napoléon qui descendait des rochers avec ses grosses
bottes militaires.   Il m'accosta avec un mélange ap-
parent de joie et de surprise ; et de la manière la
plus aimable, il me reprocha ma longue absence.   Un
gros billot mal équarri dont les extrémités portaient
sur deux pierres, nous servit de siège. Après en avoir
ôté la poussière avec sa main, il s'y assit , et me pria
de m'asseoir à côté de lui.   Las Cases vint bientôt
après nous joindre, car en grimpant sur ces chemins
rocailleux, son maître, quoique mauvais piéton, allait
cependant plus vite que lui.   De tout côté autour
du lieu où nous étions assis, des rochers entassés
s'élevaient à la hauteur de mille pieds au-dessus de
nos têtes, et sous nos pieds était un abîme de la
même profondeur.   La nature paraît s'être amusée à
faire de cet espace étroit, une espèce d'habitation
demi-aérienne ; et pendant que je regardais d'un œil
d'étonnement les beautés sauvages de ce site extra-

ordinaire : " Eh bien, me demanda Napoléon avec un sourire, qu'en dites-vous ? Croyez-vous que vos compatriotes aient agi fort doucement à mon égard ?" Je n'avais qu'une réponse à faire à pareille question, c'était le silence. Il tourna alors la conversation sur l'aspect et la nature de l'isle, dont il remarqua, que tous les livres qu'il avait lus à ce sujet, pendant le voyage, offraient un tableau beaucoup trop flatteur, à moins qu'il n'y eût d'autres parties d'un aspect plus agréable que celle qu'il avait eu l'occasion de voir dans ses promenades à *Longwood*, qui était le point le plus reculé des limites qu'on lui avait assignées. Sa conversation fut dans cette occasion, comme dans toute autre où je me suis trouvé avec lui, facile, aimable et familière, ne portant pas la moindre empreinte du souvenir de son ancienne grandeur ; et quand le sujet s'y prêtait, il ne manquait jamais de donner un air d'enjouement à ses remarques. Lorsque je lui ai parlé de l'activité que l'amiral mettait à diriger les réparations de la maison de *Longwood*, en ajoutant qu'elle serait probablement prête à le recevoir dans le courant d'un mois :—" Votre amiral sait bien, sans doute, repliqua-t-il, quand un vaisseau peut être achevé ; mais comme architecte, je crois qu'il manquera dans ses calculs." J'ai soutenu, cependant, que sur terre comme sur mer, Sir George Cockburn était d'un caractère à assurer la réussite de

tout ce qu'il entreprenait. J'ai ajouté, que les officiers étaient actuellement employés à conduire
les matelots à *Longwood*, avec les matériau x nécessaires pour la construction. Il s'informa de ces Messieurs, dont il tâcha de se rappeller les noms ; il exprima le désir de les voir tandis qu'ils passaient ; " si,
ajouta-t'il, ils veulent bien me visiter, comme vous le
faites, en pleine campagne ; attendu que ma présente
habitation, qui me sert à la fois de chambre à déjeûner,
dîner et coucher, n'est pas tout-à-fait propre à recevoir nombreuse société."

Les Ronces ont acquis et conserveront toujours
une certaine célébrité, pour avoir été la demeure mo-
mentanée de Napoléon ; et cette circonstance vous
rappellera sans doute plusieurs exemples de lieux
éloignés et obscurs, qui n'ayant jamais occupé la
moindre place sur la carte, sont, par des évènemens
fortuits, devenus des points importants dans la géo-
graphie historique. Napoléon fait souvent partie de
la famille de Mr. Balcombe, où il n'est ni incommode
ni importun ; au contraire il se conduit toujours en
homme bien elevé, et sa vivacité augmente l'agré-
ment général du cercle domestique.* Je n'ai pas

---

* J'ai vu depuis dans les gazettes anglaises, qu'il jouait aux cartes
pour des dragées ; qu'il l'était emporté contre un enfant, et qu'il
faisoit toutes sortes de singeries, ce que je déclare n'avoir rien de vrai.

encore entendu citer le moindre exemple de son mécontentement, si ce n'est à l'occasion suivante. Depuis qu'il
est *aux Ronces*, un officier ayant rang de capitaine, y
demeure, et est responsable de sa conduite. Cette
circonstance, à ce qu'on m'a dit, a occasionné des re-
montrances de la part de Napoléon auprès de l'amiral, qui n'a pas cru à propos d'y satisfaire ni d'ap-
porter le moindre relâchement à son devoir.

Napoléon s'était aussi plaint de l'importunité des
visiteurs, pendant sa demeure *aux Ronces*, ce qui a
fourni à l'amiral une occasion favorable d'exécuter
les ordres transmis de l'Angleterre avec une délicatesse, qui, pour quiconque le connaît, est une preuve
de la satisfaction qu'il aurait éprouvée à lui complaire en tout. Il a donné de suite des ordres pour
que personne ne fût admis à *Longwood* sans un passeport de l'amiral ou du gouverneur.

Quand Napoléon y est allé, on lui a assigné des
limites pour ses excursions ; cette enceinte est
gardée par un cordon de sentinelles. Tant qu'il se
tient en dedans du cercle tracé, il n'est rien ajouté
aux dispositions ordinaires de surveillance ; mais
quand il veut aller plus loin, un officier est chargé
de l'accompagner. La dernière circonstance, qu'il
considère comme pénible, le retient assez habituelle-
ment dans ses limites.

L'indisposition du général Gourgaud m'a procuré l'occasion de passer beaucoup de tems à *Longwood*. La maladie, dès son commencement, avait pris une tournure très-défavorable : et mon ami, Mr. O'Meara, que je vous ai déjà fait connaître comme chirurgien ex-impérial, désirait que uous pussions conférer ensemble pendant le traitement.

Ma première visite, à cette occasion, a été accompagnée de quelques particularités que je crois dignes de votre attention. A peu-près vers six heures du soir, je suis arrivé à *Hutsgate*, petite maison sise sur la route de *Longwood*, et à un mille de l'habitation principale ; c'est la demeure du comte Bertrand. Elle consiste en deux petites chambres en bas et le même nombre en haut : mais la santé règne dans cette chaumière, les enfans sont charmans, et les soucis paraissent en être bannis. Je pourrais remplir un volume de tout ce que je connais de cette famille. La plus grande partie de mes loisirs, pendant le voyage, étaient consacrés à lire de l'anglais avec le maréchal, qui, en retour, me racontait l'histoire de quelques-unes de ses campagnes. Il me disait souvent, " Vous êtes un mauvais maître : vous entendez tout et ne me dites rien." Quand Napoléon me demandait, pendant le voyage, il me désignait par le titre de *l'ami de Bertrand.*—Madame m'a prié de descendre de cheval, et de l'accompagner dans sa voiture à *Longwood*, parce que son mari était allé en avant. Il commençait à faire brun, et, comme nous approchions de la maison, nous apperçûmes son empereur, ainsi qu'elle l'appelle toujours, et Bertrand en conversation près de la route. "A présent, dit-elle, nous les surprendrons : montrez-vous à la portière quand nous passerons ; ils me croiront avec un *galant*, et ils se rappelleront les plaisirs de Paris." Nous les dépassâmes en allant un bon pas ; j'obéis à mes instructions, et, ayant donné la main à la comtesse pour l'aider à sortir de sa voiture, elle me quitta de suite pour aller annoncer qui était l'étranger. Quelques minutes après, j'ai reçu une invitation à dîner de Napoléon lui-même. Je l'ai acceptée de suite, comme vous pouvez bien l'imaginer, et j'en ai été très-agréablement surpris, parce qu'il ne voit plus personne, depuis quelque tems, que les gens de sa suite. Je ne pouvais me présenter que dans mon négligé, et c'est avec cet habillement que j'ai fait mon *entrée*. Le général Montholon, en grand uniforme, m'a reçu dans l'anti-chambre, et m'a introduit dans une pièce joignante, où Buonaparte jouait aux échecs avec le comte Bertrand. Il m'a accueilli avec les compliments ordinaires de civilité ; et, quand j'eus pris place derrière sa chaise pour voir le jeu, il continua la partie. Il n'y avait que très-peu de

...tion parmi la société qui se trouvait dans la chambre, et ce qu'on en entendait, n'était qu'un murmure respectueux, interrompu de tems en tems par la *basse* de mes réponses aux questions qui m'étaient adressées.

Peu de tems avant qu'on vînt annoncer qu'on avait servi, le général Montholon me dit tout bas, que ma place à table était entre l'*Empereur* et *le grand Maréchal*. Que pensez-vous de ces honneurs? Et que ne pouvez-vous seulement voir votre ami simple, humble et modeste dans une situation si élevée? Je ne puis dire que je ressemblasse à Sancho-Pança, car tous les mets étaient à ma disposition; mais un morceau de bœuf rôti ou un gigot de mouton aurait été plus à mon goût que tous les ragoûts et fricassées de la cuisine française. Napoléon était à ma droite et le Maréchal à ma gauche; il y avait une place vacante, qui avait l'air d'être réservée pour Marie-Louise. A côté de chaque assiette étoient placées une bouteille de Bordeaux et une carafe d'eau: mais on ne but pas à la santé des convives; et si vous ne vous serviez pas pendant le dîner, l'occasion en était perdue. Le service de porcelaine surpasse en beauté tout ce que j'ai vu jusqu'ici dans ce genre. L'argenterie est massive et décorée d'aigles en abondance; le service de vermeil n'a paru qu'au dessert.—Le festin dura à peu

près une heure. Les questions de Napoléon étaient si
fréquentes que j'avais à peine le tems de manger et de
boire, tant j'étais embarrassé pour trouver des réponses. Je tâcherai néanmoins de vous donner une idée
générale de ses demandes.

—Avez-vous vu le général Gourgaud?—Oui, général, je suis venu à Longwood tout exprès.—Comment l'avez-vous trouvé?—Très-malade.—Quelle est
son indisposition?—La dyssenterie.—Où est le siège
du mal?—Dans les intestins.—Quelle en est la cause?
—La chaleur du climat, agissant sur une constitution
particulièrement propre à en ressentir l'influence; mais
ôtez la cause, et l'effet cessera. S'il avait été saigné
au commencement, il est probable que la maladie aurait été moins violente.—Quel remède vous proposez-
vous d'appliquer maintenant?—Les fonctions du foie
et autres viscères sont dérangées : pour les rétablir
donc, et leur rendre leur action, il sera nécessaire de
recourir à l'usage du mercure.—Mauvais remède.—
L'expérience m'a enseigné le contraire.—Hippocrate
s'en servait-il?—Je ne le crois pas : il avait grande
confiance dans les simples.--Cependant il est considéré
comme un des plus grands médecins.—Il aurait pu néanmoins, tirer bien des avantages des découvertes moder-
nes.--La nature ne s'efforce-t-elle pas de chasser la matière morbifique; et ne croyez-vous pas que les douleurs

actuelles sont un effort qu'elle fait pour se débarrasser de ce qui lui est nuisible ?—On m'a enseigné
pour principe qu'il fallait aider la nature.—Ne croyez-
vous pas que vous puissiez le faire sans avoir recours
à ce minéral dangereux ?—L'expérience m'a convaincu que le mercure, pourvu qu'il produise la saliva-
tion, est un remède infaillible. — Continuez donc
l'emploi de votre mercure.

Avez-vous perdu beaucoup de monde à bord du
Northumberland?--- Nous avons eu le malheur de perdre
plusieurs hommes de l'équipage.—De quelle maladie?
La dyssenterie et l'inflammation du foie. —Les avez
vous examinés après la mort ?--Sans doute.--Quel était
l'aspect des entrailles ?—La suppuration très-étendue
dans l'une de ces maladies, et la gangrène des boyaux
dans l'autre.—Qu'est-ce que la mort, ou comment
la définissez-vous ?—C'est une suspension des fonctions vitales, des organes de la respiration et de l'action du cœur.—Quand est-ce que l'ame quitte le corps?
—C'est une question à laquelle je ne puis répondre
avec assez de précision, parce que, dans les cas de
vitalité suspendue et dans la défaillance, l'homme est en apparence mort; cependant, par des moyens
artificiels, la résurrection est produite et la vie
conservée.—Quand croyez-vous que l'ame entre dans
le corps?—Je n'ai pas asséz de connaissances méta-

physiques, pour vous donner une réponse satisfaisante. La faculté de penser paraît être comme l'aurore de l'ame, et quand elle a acquis une certaine puissance de raisonner, alors elle est parfaite, au moins c'est alors que l'homme devient responsable de ses actions". Ici la conversation se termina, à ma grande satisfaction, parce qu'elle paraissait prendre une tournure trop profonde pour ma philosophie. Vous direz, peut-être, qu'une partie de cette conversation n'était pas propre à augmenter l'appétit de tout autre convive qu'un homme de ma profession. Je crois, cependant, que ce sera un excellent ragoût pour votre curiosité.

Napoléon se retira alors, et sa suite l'accompagna dans le sallon de jeu, où le whist commença. Il paraît bien connaître le jeu, mais il joue avec beaucoup d'indifférence et de bonne humeur, comme s'il était charmé de perdre son argent. Il resta une demi-heure de plus ce soir-là qu'à l'ordinaire, et pendant ce tems il se promena dans la chambre, et suivant son habitude, il fit force questions. A la fin il prit congé de nous, et Las Cases me dit, du ton aimable qui lui est ordinaire, " Eh bien, ce jour-ci a été un jour de questions ; en vérité, je crains que vous ne regardiez comme une punition de devoir dîner avec nous, c'est un véritable interrogatoire ; mais

vous pouvez être sûr qu'il est satisfait de vos réponses, autrement il ne vous ferait pas tant de
questions."

Quelques jours après, l'arrivée d'un vaisseau venant d'Angleterre m'engagea à faire une promenade
à cheval jusqu'à la vallée ; et le soir à mon retour, on
me dit que Napoléon désirait me voir chez le général
Gourgaud aussitôt que je serais de retour ; en effet,
je le trouvai qui m'attendait : dès que je fus entré, la
première question qu'il m' dressa fut relative à l'état
de la santé du général : puis aussitôt il changea de
sujet : " Vous avez été à la ville ; et le vaisseau qui
vient d'arriver, est-il d'Angleterre ? dans ce cas, je
suppose qu'il apporte des lettres et des gazettes.
—Certainement ; je viens d'examiner une liasse du
Courier.—Est-ce qu'il n'y a pas de *Morning-Chronicle ?*—Je ne l'ai pas encore vu. Les autres feuilles
que j'ai vues, étaient le *Times*, ainsi qu'un journal
de province.—Quelles sont les nouvelles de France?
—J'y ai à peine jetté un coup-d'œil.—Soit ; mais vous
vous rappellez, peut-être, quelque chose de ce que
vous avez lu : ainsi dites-le-moi.—J'ai vu des pas-
sages qui vous regardent ; mais la principale partie
des nouvelles françaises que j'ai eu l'occasion d'examiner, avait rapport au jugement et à la condamnation du maréchal Ney."

A ces mots Napoléon s'avança un peu plus près de moi, mais sans le moindre changement de visage : "Quoi, dit-il, le Maréchal Ney a été condamné à être fusillé !" —Oui, répondis-je : il s'est adressé aux souverains alliés, mais envain ; il alléguait en sa défense le douzième article de la convention : il a prétendu, dans sa procédure, que vous l'aviez trompé : que la proclamation dont il était accusé, et qui faisait partie des griefs articulés à sa charge, avait été composée par le major-général Bertrand, et que vous lui en aviez imposé quant aux intentions de l'Autriche et de l'Angleterre." Le comte Bertrand, qui était présent, remarqua, que le Maréchal Ney avait droit de chercher à sauver sa vie s'il le pouvait ; et que si des contes fabriqués à cet effet pouvaient lui faire atteindre son but, on ne pouvait le blâmer d'y avoir recours. —"Mais, ajouta-t-il, à l'égard de la proclamation, c'était une assertion aussi fausse que ridicule : le Maréchal Ney savait écrire, ainsi il n'avait pas besoin de moi." Napoléon ne fit aucune observation sur le récit que je venais de lui faire ; une seule expression lui échappa, ce fut celle-ci : " il était brave, le Maréchal Ney."

Je lui fis alors part d'un bruit répété par les gazettes de Londres ; savoir, que l'on craignait une insurrection à Paris, en cas que l'exécution du Maréchal Ney ait lieu.—"Une insurrection, dit-il, d'un froid et méprisant," Bah, mettez les troupes sous les armes! Le duc de Wellington est à Paris, n'est-ce pas?—Je n'en sais rien.—Les forces anglaises et alliées sont encore dans le voisinage de la capitale? —Les Anglais, je crois, y sont encore; mais il paraît, d'après les journaux, que les Russes et les Prussiens se sont retirés sur le Rhin.—Ce procédé, repliqua-t-il, est tout-à-fait honnête de leur part. Mais comment se fait-il, que je voie si rarement le *Morning-Chronicle?* C'était une question à laquelle je ne savais comment répondre. J'ai cru, cependant, à propos de l'informer (avec un peu de curiosité de ma part) et pour voir comment il prendrait cette nouvelle, quelque peu d'importance qu'elle pût avoir, que, selon les gazettes, un parisien avait été mis à l'amende pour avoir publié une caricature dont il était l'objet. Il me permit de la décrire, ce que je fis suivant les propres termes du paragraphe. "D'un côté de l'estampe paraissait Louis XVIII, environné de sa famille, avec cette inscription : *c'est bien*, et de l'autre côté Napoléon environné de la sienne, avec cette devise ; *c'est encore mieux.*—Bah , s'écria-t-il, quelle sottise! Eh bien, cette niaiserie circulera pour servir quelque projet plus ou moins sot ou coupable"; et il se retira sa chambre après avoir fait cette observation.

N

La maladie du général Gourgaud avait pris un aspect très-dangereux; les symptômes paraissaient annoncer une issue fatale. Sa vivacité, en effet, était si abaissée, qu'il refusait de prendre le seul remède qui pût le sauver, et quoique l'on continuât à le lui administrer par adresse et subterfuge, il serait infailliblement devenu la proie de ses appréhensions mélancoliques, si cette voix, à laquelle il n'osait désobéir, ne lui eût adressé une sévère, et, comme l'évènement le prouva, salutaire remontrance.—"Quelle conduite ridicule est celle-ci, lui dit Napoléon, et quelles sont ces sottes craintes que vous éprouvez et auxquelles vous paraissez aimer à vous abandonner, en refusant les moyens de les dissiper.—Combien de fois n'avez-vous pas rencontré la mort au champ de bataille, sans éprouver la moindre crainte: et à présent vous vous livrez sans résistance à son pouvoir, comme si vous n'osiez y résister! Quelle obstination d'enfant!—Ne faites pas la bête, je vous en prie, et soumettez-vous de bonne grace aux remèdes qui peuvent seuls vous rendre la santé." Ce reproche triompha de l'opiniatreté du malade; il se soumit au régime prescrit, et ne tarda pas à se rétablir. Quelque tems après, Napoléon me dit, "eh bien, vous autres médecins, vous avez fait des miracles avec Gourgaud: cependant, s'il y avait eu un prêtre dans l'isle, il vous aurait chassés tous les deux, et

n'en aurait fait qu'à sa tête ; mais heureusement pour
le malade, il n'y a pas ici de confesseur.''

Je vais changer le lieu de la scène, parce que je
suis pas-à-pas notre illustre exilé, quand j'en ai l'occasion ; ainsi je vous engage à l'accompagner parmi
nos arcadiens de Sainte-Hélène. Quand il prend son
exercice accoutumé à cheval, il dirige ordinairement
sa course à travers une ravine profonde, converte
d'une végétation vigoureuse, et qui sert au pàturage
des bestiaux. Comme le chemin est étroit et le lieu
solitaire, dans un accès sentimental ou poétique, il
l'a nommé *la vallée du silence.* En montant ce dé-
filé, l'œil est charmé, et, au premier aspect, surpris, en appercevant une ferme. C'est-là que notre
voyageur confiné, dans sa première promenade, alla
chercher quelque amusement, en faisant une visite
aux habitans de la métairie. Heureusement pour
lui, il s'empara de la place par surprise, car sans
cela l'appréhension d'un semblable visiteur aurait
fait évacuer la maison à tout ce qui s'y trouvait.
Maître Legg, le fermier, honnête paysan, le rencontra
devant la porte, et le pria d'entrer ; Buonaparte
descendit de son cheval, et accompagné du comte de
las Cases, il entra dans la maison, prit familièrement
unechaise, et, comme à l'ordinaire, commença ses
questions.

" Avez-vous une femme ?—Oui, *monsieur l'empereur.*
—Avez-vous des enfants ?—Six.—Combien de terres
avez-vous ?—Cent arpens.—Le tout est-il propre à la
culture ?—Non, pas la moitié.—Quel profit en retirez-
vous ?—Pas grand'chose : mais plus depuis que vous
êtes parmi nous.—Ah, ah, comment cela ?—Parce que
vous devez savoir, Monsieur l'Empereur, que nous
ne semons pas de froment dans cette isle, et nos légumes
doivent être vendus de suite. Ordinairement, nous
sommes obligés d'attendre l'arrivée d'une flotte ; et
souvent ils se gâtent en attendant ; mais, à présent,
Monsieur. .le Général, nous pouvons les vendre de
suite.—Où est votre femme ?—Eh, morbleu, (avec
votre permission), je crois qu'elle a eu peur, car je
vois que tous mes enfans se sont enfuis.—Envoyez-les
chercher, et présentez-moi à la compagnie. Avez
vous de bonne eau ?—Oui, Monsieur ; et du vin aussi,
tel au moins que nous pouvons le tirer du Cap."

Les craintes de la bonne femme étaient un peu
calmées ; et son mari réussit à lui persuader de paraître.
Elle entra avec beaucoup de respect et d'étonnement. Napoléon, las Cases, le fermier et sa femme
formaient une partie quarrée ; ils prirent chacun un
verre de vin du Cap, et puis les deux étrangers se reti-
rèrent. Voilà un sujet digne de vos méditations phi-
losophiques et profondes.

Le bon-homme et sa famille s'accommodèrent si bien de la conduite honnête de leurs hôtes inattendus, que les visites subséquentes ne les gênaient plus en rien, et les petits enfans eux-mêmes demandaient souvent à leur mère, "quand Boney viendrait les voir encore?"

Mais il y a un autre fermier, dont le nom est Robinson, qui, comme son voisin Legg, occupe plusieurs acres de terrein destinés au jardinage, et qui sont distribués en clôtures par des terrasses couvertes d'aloès et de poiriers sauvages. Ici, comme dans la première habitation, l'honnête simplicité de la vie rurale paraît dans toute sa grâce native : mais de plus il y a une fleur d'une rare beauté qui embellit ce lieu; c'est une jolie personne de dix-sept ans , fille du propriétaire de la métairie. Je n'entreprendrai pas de décider si Napoléon était attiré par la franchise patriarchale et les mœurs innocentes de ces bonnes gens, ou par les charmes naissans de la nymphe rustique, ou enfin par le tableau de bonheur qu'ils présentaient; mais ses visites devenaient si fréquentes, que les parens du fermier, qui demeuraient à la ville, leur recommandèrent des précautions à l'égard de leur fille, qui eut défense de paraître chaque fois que le grand-homme visitait la ferme ; il s'en apperçut et, cessa ses visites.

Je n'attendrai pas d'autres circonstances, qui sont incertaines, pour prolonger ma lettre. Si j'apprends particularités, elles pourront former le sujet d'une nouvelle épître. Je saisis donc l'occasion présente pour vous assurer que je suis, &c. &c.

Adieu, &c. &c.

W. W.

SAINTE-HELENE.

MON CHER AMI,

J'ai pensé un moment que ma dernière lettre terminerait la petite narration que j'ai composée des documents suivants qui sont autour de moi, pour satisfaire votre avide curiosité. Si elle a répondu à cette intention, je suis charmé de pouvoir continuer mon récit, avec des particularités inattendues, et qui paraissent intéressantes, autant du moins que ce terme peut être appliqué à celles qui précèdent.

Il y a à peu-près six semaines que je n'ai visité *Longwood*, ni eu aucune communication avec ses habitants. Le hasard, cependant, m'a conduit dan une société où se trouvait le comte de las Cases; après une conversation générale touchant l'arrivée du nouveau gouverneur, il m'informa que son maître avait souvent demandé de mes nouvelles, et il exprima même sa surprise de mon absence. "Nous ne vous avons pas vu, ajouta-t-il, depuis la résurrection du général Gourgaud, et je suis curieux de savoir si votre absence provient de quelque répugnance de votre part, ou d'une défense particulière de l'amiral"?—Je lui ai répondu, que ce n'était ni l'un ni l'autre : mais en même-tems, j'ai ajouté que j'avais cru devoir observer les ordres généraux, et que je ne pouvais justifier la demande d'un passeport pour Longwood sans avoir quelque raison particulière.

"Je désire beaucoup, reprit-il, vous consulter à l'égard de la santé de mon fils".—"C'est une raison suffisante, repliquai-je, je m'adresserai à l'amiral ; il est dans la chambre voisine, et je me flatte qu'il m'accordera de suite l'autorisation nécessaire".—Aussitôt Las Cases m'engagea à venir déjeûner avec Napoléon le lendemain à onze heures. Une violente pluie, cependant, m'en a empêché; mais j'ai saisi la première occasion de tenir parole. L'heure du déjeuner était passée quand je suis arrivé à Longwood, et Buonaparte, invité par la sérénité du jour, était allé faire une promenade au jardin de meilleure heure que de coutume. Je crois qu'il ne me vit pas, lorsque j'approchai de la maison, parce qu'il était caché derrière une haie. Comme j'avais dépassé l'heure du déjeûner, il ne m'attendait plus; et pour vous dire la vérité, si mon but n'avait pas été de recueillir quelque nouveauté, mon cher ami, pour votre [illegible], j'aurais été en quelque sorte soulagé par l'idée que je ne serais pas exposé à un de ses longs interrogatoires. Cependant, j'ai bientôt rencontré le comte de [illegible]ses, qui, croyant que le grand-homme s'était retiré pour le reste du jour, m'a proposé de l'accompagner à sa chambre, "où, disait-il, après que vous aurez vu mon fils, nous nous remettrons à notre histoire, ce qui, je le sais, vous intéressera, comme l'ouvrage intéressera également le monde entier, si nous avons le courage de l'achever."

Je ne me rappelle pas, si, dans mes premières lettres, j'ai rapporté, sur l'autorité de ce gentil-homme, qui est le secrétaire intime de l'impérial historien, que Buonaparte s'était sérieusement engagé à écrire *les annales de sa vie*. Il m'avait déjà dit, qte les campagnes d'Egypte et d'Italie, et ce qu'il nomme *mon règne de cent jours*, ou un titre pareil, étaient complets; * et que les périodes suivantes étaient bien avancées.—Je me proposais donc de passer une matinée très-agréable, et me flattais de l'idée du plaisir que j'aurais à parcourir les manuscrits qui devaient m'être confiés ; mais je fus privé de ce plaisir par une invitation que me fit faire Napoléon d'aller le trouver à sa chambre. Comme je savois que ma visite n'en serait pas une de pure cérémonie, j'ai engagé le comte à m'accompagner, parce que c'est un interprète aussi fidèle qu'intelligent ; outre cela, cette méthode me procure le tems de préparer mes réponses. Il y avait un peu de *finesse* de ma part dans cet arrangement ; car l'étiquette est rigoureusement observée à la cour de *Longwood*.

En entrant dans la chambre, j'ai apperçu la partie postérieure d'un sofa qui était tournée vers moi, et en avançant, j'ai vu Napoléon couché tout du long, avec son bras gauche pendant par-dessus. La lumière du jour était interceptée par une jalousie, et devant lui il y avait une table couverte de livres, parmi lesquels j'ai remarqué de jolis volumes bien reliés qui traitent de la Revolution française. La chaleur du jour avait forcé Napoléon à ôter son habit et son

---

* Cet ouvrage contient l'intervalle renfermé, entre l'abdication de Fontainebleau et celle de Paris.

gilet.—Dès l'instant qu'il m'a vu, il s'est écrié en anglais, avec une vivacité fort aimable, " Ah, Warden, comment vous portez-vous ?" Je répondis par une inclination ; il me tendit la main, en disant : " j'ai attrapé une fièvre." J'ai tâté de suite son pouls, et voyant par sa régularité, et la gaîté empreinte sur le visage de Napoléon, qu'il avait envie de plaisanter, je lui ai dit que je lui souhaitais toujours la même santé.   Il me donna alors un petit coup sur la joue avec le dos de la main, et me pria d'avancer au milieu de la chambre, parce qu'il avait quelque chose à me communiquer. Je lui ai fait mes compliments sur l'état de sa santé, et en même tems sur les progrès qu'il paraissait avoir faits dans la langue anglaise. " Je jouis certainement, m'a-t-il dit, d'une très-bonne santé, ceque j'attribue à un bon régime. Il me paraît que je pourrais manger à toute heure du jour : mais je suis réglé dans mes repas, et je quitte toujours la table avec appétit : de pius, comme vous savez, je ne bois jamais de vins capiteux. A l'égard de la langue anglaise, continua-t-il, j'ai été très-diligent : je puis maintenant lire vos gazettes avec facilité ; et je dois avouer qu'elles me procurent beaucoup d'amusement. Néanmoins elles sont de tems en tems très-inconséquentes, et quelquefois très-insultantes. Dans une de ces feuilles on m'appelle un *Menteur,* dans une autre un *Tyran,* dans une troisième un *Monstre*, et dans une quatrième un *Poltron*, ce à quoi je ne m'attendais guères : mais il paraît, après tout, que l'écrivain ne m'accuse pas d'éviter le danger sur un champ de bataille, ou de fuir à l'aspect de l'ennemi, ou de n'oser braver les coups du sort et de la fortune ; il ne m'accuse pas non plus de manquer de présence d'esprit dans le tumulte des combats et dans les hasards de la guerre.— Non, ce n'est pas cela ; je manque de courage à ses yeux, parce que je ne prends pas froidement du poison, que je ne me suis pas jetté dans la mer ou brûlé la cervelle.—Le rédacteur de cette feuille ne me comprend certainement pas ; j'ai, au moins, trop de courage pour me tuer.— Vos journaux sont écrits sous l'influence de l'esprit de parti ; ce que l'un loue ; l'autre le dénigre, et *vice versâ*. Ceux qui demeurent dans la capitale où ces écrits sont publiés, peuvent juger par eux-mêmes des évènemens passés et des affaires en général ; mais d'après la lecture de vos journaux, les personnes demeurant loin de la capitale, et surtout les étrangers, ne peuvent jamais connaître le véritable état des affaires ni le caractère des hommes publics."

Napoléon paraissait plutôt disposé à manifester ses opinions qu'à se borner à faire des questions ; j'étais résolu de parler aussi ; et je ne doutais pas que je ne parvinsse, soit à l'entraîner dans une conversation intéressante, soit à le décider à me souhaiter le bon jour.

Je répondis de suite : " Je pense vraiment que vous devez avoir plus de patience que mes compatriotes ne vous en supposent, si en effet vous lisez tout ce qu'on écrit à votre sujet. Vous n'avez pas dû vous attendre, général, que les évènemens extraordinaires qui ont eu lieu (et dans lesquels vous avez joué un si grand rôle) ne seraient pas considérés et jugés avec plus de franchise qu'ailleurs par un peuple tel que les anglais, qui ont le droit (et puissent-ils le posséder toujours!) de dire et d'écrire tout ce qu'ils pensent." Je continuais à m'exprimer ainsi, dans une langage très-patriotique, quand il m'interrompit par ces mots. " Ces dénominations et ces traits piquants ne servent qu'à m'amuser; mais il y a dans vos journaux des observations qui produisent en moi des sensations très-différentes. — Vous avez, continua-t-il, un écrivain que j'admire beaucoup; je crois qu'il est Ecossais—c'est Macpherson, l'auteur de l'Ossian. Il y a aussi un auteur nommé Belsham : sur quels sujets a-t-il écrit ?"—J'ai repliqué, " que je croyais qu'il avait écrit l'histoire de notre bon souverain."—" Oui, dit-il, vos loix vous permettent d'écrire sur le compte des rois, des ministres, des mesures du gouvernement, et sur tout ce qui vous passe par la tête."

" Oui, repliquai-je, tel est le privilège d'un anglais ;
et, sujet aux imperfections de la nature humaine, il
peut quelquefois abuser de ce droit. De fausses idées,
l'esprit de parti, et peut-être de faction, peuvent, de
tems en tems, avoir pour résultat d'étendre et de
soutenir des opinions erronées et même pernicieuses ;
mais l'amour de la justice et de la vérité, forme le
fond du caractère anglais." — " Cependant, reprit
Buonaparte, vous paraissez me traiter un peu dure-
ment dans vos écrits : et surtout, depuis que je suis
en votre pouvoir. Je repliquai avec beaucoup de
vivacité :" Sur ce point, général, je dois prendre la
liberté de vous contredire.—Vous n'avez pas toujours
eu le loisir, dont vous jouissez actuellement, d'examiner
les écrits politiques publiés en Angleterre, mais je
puis vous assurer, que depuis le tems où vous êtes devenu premier consul, jusqu'au moment où vous avez
mis le pied à bord du *Bellerophon*, les presses anglaises n'ont jamais cessé de fulminer contre vous ; et
ceci sans exception, car les partis qui différaient
dans toute autre chose n'exprimaient qu'une seule et
même opinion à votre égard. C'est ce que vous ne
ne pouvez avoir ignoré dans le tems, quoique les
grands projets qui ont occupé votre esprit, puissent
avoir depuis effacé de votre mémoire le souvenir
complet de nos offenses littéraires : cependant vos
ournaux officiels ont marqué leur connaissance par-

faite des hostilités exercées envers vous par nos papiers publics, et ont lancé leurs paragraphes dans toutes les direction.   Vous n'étiez sans doute pas fort content de l'Angleterre, quand vous avez ordonné à votre *Moniteur* de nous appeller une *nation* de *boutiquiers*; nous sommes certainement une nation très-commerçante, et j'espère que nous le serons toujours : car c'est à ce commerce que nous avons dû une source intarissable de ressources, à défaut desquelles la bravoure native et irrésistible des anglais eût elle-même été dans l'impossibilité de remporter les derniers triomphes, triomphes immortels qui mettent le comble à notre gloire nationale. Mais nous sommes aussi un peuple noble, magnanime et généreux ; et on ne nous a jamais connu capables d'insulter un ennemi vaincu ; même combien de fois est-il arrivé que nos matelots et nos soldats ont risqué leur vie pour sauver celle d'un adversaire terrassé." Même alors que vous aviez jetté un des diadêmes les plus brillants de l'Europe, et accepté le sceptre fragile de l'isle d'Elbe, vous fûtes traité de suite avec beaucoup plus de ménagement par l'opinion publique et les écrivains les plus distingués de l'Angleterre.   Et maintenant, que vous êtes, puis qu'il vous plaît de vous exprimer ainsi, en notre ponvoir, il existe universellement un sentiment généreux et compatissant à votre égard : oui, monsieur, plusieurs de mes concitoyens qui auraient jadis appris avec transport que vous étiez mort sur le champ de bataille, sont actuellement disposés à vous souhaiter autant de bonheur qu'on peut vous en accorder avec sûreté dans votre situation actuelle.—Si le *Northumberland* vous eût pris sur un vaisseau de guerre français, tentant, comme vous l'aviez médité, de vous réfugier en Amérique, chacun de nos officiers, matelots et soldats aurait franchement et vigoureusement travaillé à prendre, brûler, couler à fond ou détruire d'une manière quelconque le vaisseau qui vous eût porté ; cependant, comme vous l'avez vous-même avoué, vous avez été traité, pendant le voyage, par chacun de ces individus, avec égard et délicatesse, comme il convient à des hommes d'honneur. Et si j'ose me citer, je puis ajouter, que j'étais élevé dans la haine de votre nom : les vérités de l'écriture-sainte n'étaient pas plus fortement imprimées dans mon esprit, que les opinions généralement répandues alors à votre sujet : cependant aujourd'hui je suis prêt à vous montrer toute la courtoisie personnelle qui dépend de moi, à vous témoigner ma reconnaissance pour les honnêtetés que j'ai reçues de vous, et à vous offrir les services qu'autorise l'humanité du gouvernement que je sers, et qui peuvent se concilier avec les dispositions qu'une sage politique a jugées nécessaires pour s'assurer de votre personne."

J'étais résolu d'exprimer mes sentiments avec franchise, et vous voyez, mon bon ami, que je ne dé-
mentis pas ma résolution. Je ne pouvais, en effet,
me dispenser de défendre le noble caractère anglais,
contre une pareille attaque. La franchise un peu brusque
de mon langage, parut, cependant, obtenir l'appro-
bation de mon auditeur, et il me demanda, à ma
grande surprise, si je me rappellais l'histoire du
capitaine Wright.—" Parfaitement bien, répondis je;
et c'est une opinion générale en Angleterre, que, vous
l'avez fait assassiner au Temple."—Il repliqua, avec
la plus grande rapidité : " Et dans quel but?—C'était
de tous les hommes celui dont j'aurais le plus desiré
prolonger l'existence. C'était pour moi un témoin
précieux, parce qu'il aurait pû déposer dans l'affaire
des conspirateurs qui se trouvaient aux environs de
Paris, et qu'il avait débarqués sur la côte de
France."—Ma curiosité, en ce moment, devînt telle
que l'expression de mon visage la trahissait.—
" Ecoutez, continua Napoléon, et vous saurez tout.
La corvette anglaise commandée par le capitaine
Wright, était employée par votre gouvernement à
débarquer des traîtres et des espions sur la côte oc-
cidentale de la France. Soixante et dix d'ent'eux
étaient arrivés à Paris ; et leur marche était
si mystérieuse, ils étaient si bien cachés dans leurs
retraites impénétrables, que quoique le général

Ryal,* de la police, me donnât cette information, leurs noms et le lieu de leur retraite ne pouvaient être découverts. Je recevais journellement l'assurance, que ma vie était menacée, et quoique je n'y ajoutasse pas beaucoup de foi, je pris néanmoins toutes les précautions convenables pour ma sûreté personnelle. La corvette fut peu après prise dans les eaux de Lorient, avec le Capitaine Wright son commandant, qui fut traduit devant le Préfet du Département du Morbihan, à Vannes ; le Général Julien, alors Préfet, qui m'avait accompagné dans l'expédition d'Egypte, reconnut le Capitaine Wright au premier coup-d'œil. La nouvelle de cet incident me fut transmise à Paris ; et des instructions furent de suite données pour examiner séparément les hommes de l'équipage, dont les dépositions furent transmises au Ministre de la Police. Le résultat de cet examen ne fut pas d'abord très satisfaisant ; mais, à la fin, le témoignage de l'un d'eux jetta quelque éclaircissement sur ce sujet. Il rapporta que la corvette avait débarqué plusieurs français, et parmi eux, il s'en rappellait surtout un, qui était un drôle de corps, et qui s'appellait *Pichegru*. Ainsi fut saisi le fil qui pouvait conduire à la découverte d'un complot dont la réussite

---

* L'auteur a évidemment voulu parler du Conseiller d'Etat Réal.

P

aurait plongé, pour la seconde fois, la nation française dans un état de révolution. Le Capitaine Wright fut conduit de suite à Paris, et renfermé au Temple, pour y rester jusqu' à ce qu'il fût jugé convenable d'instruire une procédure touchant ce complot perfide. Les lois françaises rendaient Wright passible de la peine de mort ; mais ce personnage n'était que d'une importance secondaire. Mon grand objet était de m'assurer des principaux complices, et je considérais le témoignage du Capitaine Anglais comme étant du plus grand poids, un indispensable pour pouvoir parvenir à mon but."—Là-dessus Buonaparte m'assura plusieurs fois, très-solemnellement, que le Capitaine Wright mourut au temple de sa propre main, comme l'avait annoncé le *Moniteur*, et à une époque beaucoup plus avancée qu'on ne l'a généralement supposé.—En même tems, il me dit que son assertion était fondée sur des documents qu'il avait examinés depuis.

Ce qui y donna lieu, fut, je pense, la visite de lord Ebrington à l'isle d'Elbe, et il ajouta, " que ce noble personnage paraissait être parfaitement satisfait du compte qui lui avait été rendu de cette affaire mystérieuse."

J'étais si encouragé par les manières aimables et communicatives de l'ex-Empereur, que je continuai mes observations sans réserve, et que je n'hésitai pas d'exprimer mes doutes à l'égard du tems que le capitaine Wright avait passé au temple avant sa mort. Pour me satisfaire sur ce point, Napoléon a parcouru une longue série de pages dans une des dernières productions de Mr. Goldsmith, qui lui a été apportée par sir Hudson Lowe. Je ne m'en rappelle pas le titre, qui vous est probablement familier, à vous qui n'avez rien laissé échapper qui eût le moindre rapport au gouvernement français; mais je vis qu'elle consistait en extraits du *Moniteur*, &c. pendant le règne impérial.—En parcourant la table, il me montra souvent le nom de *Wright*, orthographié par les français *Right*, et il paraissait dans l'attente de trouver quelque document qui pourrait confirmer son assertion. L'auteur, cependant, ou n'a pu découvrir aucun témoignage écrit, pour marquer le tems précis de la mort du capitaine Wright, ou l'a caché à dessein, et Buonaparte appuyait avec force sur cette dernière conjecture comme devant être la cause des doutes existant sur la vérité de son assertion.

Tandis qu'il tournait les feuillets de ce volume, il avoua que plusieurs des rapports qu'il renfermait étaient vrais, mais il ajouta qu'ils contenaient aussi beaucoup d'inexactitudes et d'erreurs; et si ma mémoire est fidèle, il désigna en particulier celle qui avoit eu lieu dans la relation de la bataille de *Marengo*. Mais il ne s'en tint pas là, et me demanda souvent si je le comprenais bien, parce que c'était son plus grand désir. Alors, à mon grand étonnement, il entra dans le détail de la *mort du duc d'Enghien*. C'était un sujet qu'on ne devait pas s'attendre à lui voir traiter, et surtout moi, qui avois remarqué, même parmi les personnes de sa suite, toujours disposées à l'excuser, un silence évasif ou des rapports contradictoires, quand l'entretien tombait sur cet évènement affligeant, ce qui arriva souvent pendant le cours de notre voyage. Ici Napoléon devint très-animé, et se leva souvent du sofa où il était resté étendu tout le tems auparavant. L'intérêt attaché au sujet, et la vivacité de ses expressions, se réunirent pour imprimer sa narration si fortement dans mon esprit, que vous ne devez pas douter de l'exactitude de ma relation. Il commença comme il suit :

" A cette grande époque de ma vie, j'avois réussi à
" rendre l'ordre et la tranquillité à un royaume dé-
" chiré par les factions, et noyé dans le sang. La
" nation m'avoit placé à sa tête. Je n'étois point par-
" venu au pouvoir suprême comme votre Cromwell
" ou votre Richard trois. Pas du tout ; j'ai trouvé
" une couronne, dans le chenil ; je l'ai nettoyée de
" l'ordure qui la couvroit, et l'ai placée sur ma tête.

" Ma sûreté personnelle devint le garant nécessaire
" de cette tranquillité si récemment rétablie, et,
" jusqu'alors si heureusement maintenue, comme
" le savent les principaux meneurs du monde po-
" litique. En même tems, des rapports me furent
" faits toutes les nuits," (je crois qu'il ajouta, par le
général Ryal,) " que l'on tramoit des conspirations, et
" que des conciliabules avoient lieu à Paris dans des
" maisons particulières. De plus, on me désignoit les
" individus par leurs noms; et cependant, on ne
" pouvait obtenir de preuves satisfaisantes, et la
" poursuite la plus vigilante et la plus continuelle de la
" police était inutile.   Le général Moreau devînt
" suspect, et l'on me pressoit vivement de donner
" l'ordre de l'arrêter; mais son caractère, son grand
" nom, et la place qu'il occupait dans l'opinion pub-
" lique, paroissoient tels, qu'il n'avait rien à gagner,
" et tout à perdre, en conspirant contre moi: je ne
" pouvais donc qu'écarter un pareil soupçon à son
" égard.—Je refusai conséquemment, l'ordre demandé
" et je me contentai d'adresser la note suivante au mi-
" nistre de la police. ' Vous m'avez nommé *Pi-*
" *chegru, Georges* et *Moreau.* Il faut me convaincre
" que le premier est à Paris, et je donnerai de suite
" l'ordre d'arrêter le dernier.' Une autre et très-
" singulière circonstance amena la découverte du
" complot. Une nuit, que j'étais pensif et agité, je

" me levai de mon lit pour examiner la liste des in-
" dividus suspects de trahison, et le hasard, qui
" gouverne le monde, me fit tomber sur le nom
" d'un chirurgien, revenu depuis peu des prisons
" d'Angleterre. L'âge, l'éducation, et l'expérience
" de cet homme, me portèrent à croire, que sa con-
" duite devait être attribuée à d'autres motifs que
" celui d'un fanatisme enfantin en faveur des Bour-
" bons : autant que les circonstances me permettoient
" d'en juger, l'argent devoit être son objet réel.—Je
" donnai de suite des ordres pour arrêter cet homme ;
" on feignit d'instruire une procédure sommaire, par
" laquelle il fut trouvé coupable, condamné, et on
" lui annonça qu'il n'avait que six heures à vivre.
" Cette ruse eut l'effet désiré : la frayeur lui fit tout
" avouer. On reconnut que *Pichegru* avait un frère,
" un abbé, qui demeurait dans ce tems-là à Paris.
" J'ordonnai à un détachement de Gendarmes de se
" transporter chez cet homme, présumant que s'il
" avait quitté sa maison, il y aurait quelque chose là-
" dessous. Le vieux prêtre fut donc mis en lieu de
" sûreté, et au moment de son arrestation, ses craintes
" trahirent le secret que je desirais tant connoître.
" ' Est-ce, s'écria-t-il, parce que j'ai secouru un frère
" qu'on me traite ainsi !"—L'objet du complot était
" ma mort ; et j'étois perdu sans ressource s'il avoit
" réussi. Le plan avoit été formé à Londres, et le

" comte d'Artois était le chef de l'entreprise. Il
" envoya le duc de Berri à l'ouest de la France, et
" le duc d'Enghien à l'est. Vos vaisseaux con-
" duisirent leurs complices en France, et Moreau
" entra dans la conspiration. Le moment était critique :
" je sentais mon trône chanceler sous moi, et je résolus
" d'atteindre les Bourbons même au centre de la ca-
" pitale de l'empire britannique. L'un de mes mi-
" nistres me pressait de faire saisir le duc, quoique
" sur un territoire neutre. Mais j'hésitais encore,
" lorsque le prince de Bénévent me présenta l'ordre
" par deux fois, et insista fortement sur son exécu-
" tion avec tous les moyens de persuasion dont la
" nature l'a doué : ce ne fut, cependant, qu'après
" m'être entièrement convaincu de la nécessité de
" l'acte que je consentis à signer cet ordre. L'af-
" faire pouvait être facilement arrangée entre moi et
" le duc de Bade. Pourquoi, en effet, aurais-je
" permis qu'un homme établi sur la frontière même
" de mon royaume, eût la faculté de commettre un
" crime pour lequel, à la distance de moins d'un
" mille, suivant le cours ordinaire des lois, la plus
" exacte justice l'amait condamné au supplice ? Et
" maintenant répondez-moi ;—ai-je fait en cela autre
" chose qu'adopter le principe d'après lequel a agi
" votre gouvernement, quand il ordonna la prise
" de la flotte danoise, qui paraissait menacer l'Angle-

" terre? On m'avait répét é plusieurs fois, comme un
" axiôme politique, que la nouvelle dynastie ne se-
" rait jamais assurée, tant que les Bourbons vivraient.
" Talleyrand ne s'est jamais écarté de ce principe :
" c'était un article invariable et sacré de sa croyance
" politique. Mais je ne m'y laissai pas convertir fa-
" cilement. J'examinai l'affaire avec la plus scru-
" puleuse attention ; et le résultat de l'examen fut une
" conviction parfaite de la nécessité de l'acte.—Le duc
" d'Enghien était entré dans la confédération formée
" contre moi ; et quoique résidant dans un pays neutre,
" l'urgence du cas, dans lequel ma sûreté et la paix
" publique, pour ne pas employer d'expressions plus
" fortes, étaient menacées, justifièrent la procédure.
" J'ordonnai de suite qu'il fût saisi et jugé. Il fut
" trouvé coupable, et condamné à être fusillé.—Le
" jugement fut mis de suite à exécution ; et le même
" sort était réservé à *Louis dix-huit*, s'il eût été en
" mon pouvoir ; car je vous le répète, je regardais
" comme nécessaire de faire retentir ce coup de ton-
" nerre jusque dans la capitale de la Grande-Bretagne
" parce que c'était de là, qu'étaient partis les assas-
" sins avec les instructions de leur chef le *comte*
" *d'Artois.*

" Vos compatriotes m'accusent aussi de la mort de
Pichegru." "Oui, ai-je repliqué, on est générale-

ment convaincu dans tout l'empire britannique, qu'il
fut étranglé en prison par vos ordres."—" Quelle ex-
" travagance, s'écria-t-il aussitôt, quelle supposition
" bizarre! Ceci prouve à quel point le préjugé peut
" aveugler le jugement tant vanté d'un anglais!
" Pourquoi, je vous le demande, aurais-je attaqué
" en secret cette vie que les lois abandonnaient au
" fer de l'exécuteur public? L'affaire était différente
" à l'égard de *Moreau*. S'il fût mort dans un cachot,
" on aurait été autorisé à soupçonner qu'il n'avait
" pas péri de ses propres mains. Il était cher au
" peuple, adoré de l'armée; et quoique innocent, je
" n'aurais pu échapper à la haine générale, si la justice
" de sa punition, supposé qu'elle eût été prononcée par
" les lois, n'avait pas été manifestée par une exécu-
" tion publique."

Ici il s'arrêta; et moi, reprenant la parole:—"Il y a,
" lui dis-je, peut-être des gens en Angleterre, qui
" sont disposés à reconnaître la nécessité des mesures
" rigoureuses prises par vous à cette période im-
" portante de votre histoire; mais je ne pense pas
" qu'il s'en trouve un seul qui ose tenter de justifier
" la précipitation avec laquelle le jeune prince fut
" saisi, jugé, condamné, et fusillé."—Il repliqua de
suite, " j'étais justifié à mes propres yeux; et
" je répète la déclaration que j'ai déjà faite, que

" j'aurais même ordonné en pareil cas le supplice de
" *Louis dix-huit.* En même tems, je déclare so-
" lemnellement que je n'ai pas reçu de message ou
" de lettre du duc après que sa condamnation eut été
" prononcée."

On dit, cependant, que Talleyrand avait en sa possession une lettre du prisonnier royal, adressée à Napoléon, et des personnes qui doivent être bien informées,
ont déclaré qu'il avait pris sur lui de ne la remettre, que quand elle ne pouvait plus être d'aucune
utilité au condamné. J'ai vu une copie de cette lettre entre les mains du comte de Las Cases, qui me dit
qu'elle faisait partie d'une masse de documens, recueillis
comme pièces authentiques et justificatives de certains
points mystérieux de l'histoire qu'il écrivait alors
sous la dictée de son héros. Cette lettre avait
pour objet de demander la vie; et à cet effet,
le duc y manifestait son opinion que la dynastie
des Bourbons avait cessé de régner. C'était sa ferme croyance, et il était prêt à en prouver la sincérité.
Ii ne considérait plus la France que comme son pays,
qu'il aimait avec le zèle le plus patriotique,
mais simplement en citoyen. La couronne n'était
plus l'objet de ses désirs : il était actuellement dans
l'impossibilité de la recouvrer : elle ne pouvait lui
être et ne lui serait plus rendue. Il demandait donc

la permission de vivre en France, et de vouer sa vie et ses services à sa patrie, simplement comme un de ses enfans. Il était disposé à accepter un commandement ou un rang quelconque dans l'armée française, à devenir un brave et loyal soldat, soumis à la volonté et aux ordres du gouvernement, n'importe dans quelles mains il fût remis, et il était prêt à lui faire serment de fidélité ; ajoutant que, si la vie lui était accordée, il la consacrerait avec le plus grand courage et la plus constante fidélité à défendre la France contre tous ses ennemis.—Cette lettre était telle, enfin, suivant ce que l'on m'en a dit, que Talleyrand eut soin de ne pas la remettre avant que la main qui l'avait tracée, ne fût glacée par la mort.

Napoléon continua à parler de la famille des *Bourbons*.—"Si j'avais desiré, dit-il, d'avoir quel-
" ques-uns, ou même tous les *Bourbons* en mon
" pouvoir, j'y aurais réussi. Vos contrebandiers
" m'avaient offert de me livrer un des membres de
" cette famille pour une certaine somme (je crois
" qu'il dit 40,000 francs) mais dans les conférences
" postérieures, ils exprimèrent des doutes sur la pos-
" sibilité de remplir leurs engagemens suivant les
" termes qu'eux-mêmes avaient d'abord proposés.
" Ils ne crurent pas pouvoir répondre de se rendre
" maîtres d'aucun *Bourbon* en vie ; mais en leur

" laissant l'alternative de le livrer *mort* ou *vif*, ils
" ne doutaient pas du succès.—Toutefois, leur ôter la
" vie n'était pas ce que je désirais. En outre, les affaires
" avaient pris une tournure qui ne me laissait alors
" aucune espèce de craintes sur la possibilité d'une
" révolution, ou d'inquiétudes sur la conservation du
" trône que j'occupais. Je sentis ma force, et je laissai
" les *Bourbons* en repos.   Un assassinat inutile n'est
" jamais entré dans mes vues, quoi qu'on ait pû dire
" sur mon compte en Angleterre; à quelle fin aurais-je
" pû me livrer à cet horrible penchant ?—Quand *Sir*
" *George Rumbold*, et *Mr. Drake*, qui avait entretenu
" une correspondance avec les conspirateurs à Paris,
" furent arrêtés, je n'ordonnai pas leur assassinat."*

Ici il cessa de parler ; et comme j'étais déterminé
à satisfaire ma curiosité autant que son épanchement
actuel le permettrait, je résolus de continuer la conversation.—J'observai de suite, " que de toutes les
" entreprises qui composaient sa merveilleuse car-
" rière, il n'en était aucune qui eût excité autant
" d'étonnement en Angleterre, que son expédition

---

* En examinant ces lettres, au moment de les livrer à la presse, je ne
suis pas sur si cette observation à l'égard de Sir George Rumbold a
été faite alors ou dans un autre moment ; ni si elle venait de Buonaparte ou du comte de las Cases : mais je suis certain qu'elle fut
faite par l'un des deux.

" de Russie, lorsqu'il n'avait point terminé la guerre
" de la péninsule, qui à cette époque paraissait devoir
" être son objet le plus essentiel."—Je m'arrêtai,
attendant sa réponse, mais il n'en fit aucune ;
et comme s'il n'eût pas entendu mon observation, il
continua de diriger l'entretien sur le premier sujet.

" Votre nation, dit-il, m'a accusé d'avoir assassiné
" les malades et blessés de mon armée à Jaffa. Soyez
" assuré que si j'avais commis un tel meurtre, mes
" propres soldats se seraient soulevés aussitôt. Il
" n'y a aucune circonstance dans ma vie à laquelle
" j'aie donné plus de publicité qu'à celle-ci. Vous
" avez un de vos officiers, Sir Robert Wilson, qui a
" beaucoup écrit au sujet de mes campagnes en
" Egypte." En prononçant cette dernière phrase, il
prit un air et un ton de plaisanterie, et me de-
" manda, " si j'avais lu l'ouvrage de Sir Robert?"
Je répondis affirmativement.—" Il est possible, dit-il,
" qu'il ait écrit d'après le témoignage d'autres per-
" sonnes abusées, ainsi que lui, sur cette circonstance ;
" car il n'a pu soutenir avoir été témoin de ce qu'il
" rapporte.—Pouvez-vous me dire," continua Napoléon, " si Sir Sidney Smith, dans ses communications
" officielles à votre gouvernement, a appuyé en au-
" cune manière le rapport de Sir Robert Wilson ?"
Je ne pus, dans le moment, me rappeller pleinement

le contenu des dépêches du commodore, de manière à
pouvoir répondre positivement, mais je crus pouvoir
décider pour la négative." Cette réponse, quoique va-
gue, parut néanmoins lui causer beaucoup de satisfaction; car il repliqua de suite:—" je le crois; Sir Sidney
Smith est aussi juste qu'il est brave."—" Il y a," re-
marquai-je alors, "beaucoup de personnes en Angleterre qui s'imaginaient que votre haine et votre jalousie envers Sir Sidney Smith avaient influé sur votre
conduite envers le capitaine Wright." Il sourit avec
étonnement à ces mots :—il paraît que le rapproche-
ment de ces deux noms n'était jamais entré dans sa
tête. Il répondit " que cela n'avait pas le sens c om-
mun," et commença la narration suivante :

" Après avoir levé le siège de Saint Jean d'Acre,
l'armée française se retira sur Jaffa. Cette manœuvre
devenait indispensable. L'occupation de cette ville
pendant long-tems était tout-à-fait impraticable, à
cause des forces que D'Jezzar Pacha pouvait amener.
Les malades et blessés français étaient nombreux ; et
leur départ fut le premier objet de mes soins. Des voi-
tures, les plus commodes qu'on pût trouver, furent
préparées à cet effet. Plusieurs de ces militaires furent envoyés par eau jusqu'à Damiette, et l'on prit les
mesures les plus convenables qu'il fut possible, pour
que les autres pussent accompagner leurs camarades
dans leur marche à travers le désert. *Sept* hommes,

cependant, restèrent dans un hôpital de quarantaine qui était infecté de la peste ; j'en fus instruit par le chef du service de santé (je crois que c'était Desgenettes.) Il ajouta de plus, que la maladie avait atteint un tel dégré de malignité, qu'il n'y avait pas le moindre doute qu'ils ne fussent morts au bout de quarante-huit heures." Ici, je répétai, d'un ton qui exprimait le doute , le mot *sept ?* et je lui demandai, si je devais effectivement croire qu'il n'y en eût que sept. " Je m'apperçois, repliqua-t-il, qu'on vous a raconté la chose autrement."—"Très-assurément, général : Sir Robert Wilson fait mention de cinquante-sept ou soixante dix-sept; et en parlant plus collectivement, il dit: " tous vos malades et blessés." Alors Buonaparte continua : "les Turcs étaient nombreux et formidables, et leur cruauté était passée en proverbe dans l'armée. Leur usage de mutiler et traiter avec barbarie leurs prisonniers chrétiens, surtout, était bien connue parmi mes troupes, et ne cessait d'influer sur mon esprit et ma conduite ;— pourtant j'affirme, qu'il n'y eut que sept hommes que les circonstances me forcèrent d'abandonner à Jaffa comme n'ayant plus long-tems à vivre. Ils étaient dans un état qui rendait leur départ tout-à-fait impraticable, sans parler de la contagion à laquelle ils auraient exposé le reste des troupes. Dans ma position topographique, je ne pouvais les placer sous la protection des anglais; je mandai en con-

séquence le chef du service de santé; et après lui avoir fait observer "que les souffrances résultant de la maladie de
" ces malheureux seraient cruellement aggravées par la
" conduite des Turcs envers eux, et qu'il était impossible
" de rester plus long-tems en possession de la ville, je
" le priai de me donner son avis sur ce qu'il fallait
" faire en cette occasion. Après avoir hésité quelque
" tems, il répondit que les individus, qui étaient les
" objets de ma très-pénible sollicitude, ne pouvaient
" vivre encore quarante-huit heures.—Je pénétrai la
" décision qu'il regardait comme indispensable, mais
" qu'il ne pouvait se résoudre à exprimer; il atten-
" dait, avec une anxiété silencieuse, l'arrêt que j'al-
" lais prononcer. Je lui suggérai alors qu'il
" serait convenable, et même humain, d'abréger
" les souffrances de ces *sept* hommes en leur adminis-
" trant un peu *d'opium*. C'est un service, ajoutai-je,
" qu'en pareille occasion, je solliciterais instamment
" pour moi-même. Mais, contre mon attente, il
" repoussa la proposition, qui, par conséquent, fut
" abandonnée. Alors je retardai la marche de l'ar-
" mée un jour de plus que je n'en avais l'intention,
" et à mon départ de Jaffa, je laissai une forte ar-
" rière-garde, qui demeura dans cette ville jusqu'au
" troisième jour. A l'expiration de cette période,
" le rapport d'un officier m'apprit que les malades
" étaient morts."—Ici je ne pus m'empêcher de m'é-

-crier : " ainsi donc, général, l'opium ne fut pas
" administré." "Non, pas du tout," répondit-il
en appuyant sur ces mots.—"Le rapport dont il
s'agit, portait que les sept hommes étaient morts avant
que l'arrière-garde eût quitté la ville."

Je l'interrompis encore, en lui disant que sir Sidney
Smith, quand il entra à Jaffa, y trouva un ou deux
français vivans. " Soit, repliqua-t-il ; après tout,
cela peut être possible !" Ce fut, je pense, en ce moment, qu'il dit avoir en sa possession une lettre de
sir Sidney Smith, conçue en des termes très-flatteurs,
et qui exprimait l'étonnement du Commodore, autant
que son admiration, sur les moyens ingénieux inventés et mis en œuvre pour transporter les français
malades et blessés d'Acre à Jaffa, et puis à travers le
désert.

Ici je saisis l'occasion d'observer, " qu'un voya-
" geur anglais, littérateur distingué, et professeur sa-
" vant de l'université de Cambridge, avait fait naître
" un doute très-général à l'égard de l'exactitude de
" cette partie de la narration de sir Robert Wilson. Le
" Dr. Clarke, celui à qui je faisais allusion, avait, dis-
" je, voyagé en Turquie, (à ce que je croyais, par la
" route d'Alep et de Damas à Jérusalem,) et de là à
" Jaffa, où il demeura quelque tems. Ce gentil-

R

" homme, qui est généralement estimé, peut être re-
" garde comme ayant combattu le témoignage de son
" compatriote Sir Robert, à l'égard de l'accusation
" que le premier a articulée contre vous. A la vérité,
" il se borne à dire qu'il n'avait jamais entendu parler de
" cet acte de cruauté ; mais il fait l'observation très-na-
" turelle, que si un évènement tel que l'assassinat de
" tant de français par leur général, avait réellement
" eu lieu, un forfait si horrible et si récent aurait
" nécessairement transpiré, et seroit parvenu à sa
" connaissance pendant son séjour dans cette ville."
Aussitôt Napoléon m'adressa cette question :   " Ce
" voyageur a-t-il dit quelque chose de l'affaire d'El
" Arish ?"   Ma mémoire ne me permit pas de lui
répondre positivement. " Eh bien," continua-t-il, je
" vais vous raconter toutes les particularités relatives
" au combat d'El Arish, et à la garnison de Jaffa.
" Vous avez lu, sans doute, que j'avais fait fusiller
" les Turcs faits prisonniers à Jaffa."— " Oui, re-
" pliquai-je, j'ai souvent entendu parler en Angle-
" terre de ce massacre ; ce fut dans le temps le sujet
" général des entretiens : et on en parlait avec toute
" l'horreur et le mépris que tout anglais ne manque
" jamais d'éprouver pour des actes de cette nature."
Alors il continua en ces termes :

" A l'époque en question, le général Desaix était

« demeuré dans la Haute-Egypte, et Kleber dans le
« voisinage de Damiette. J'avais quitté le Caire, et
« traversé le désert d'Arabie, pour pouvoir opérer
« ma jonction avec l'armée du dernier à El Arish. La
« ville fut attaquée, et capitula. Plusieurs des pri-
« sonniers furet reconnus pour être des montagnards,
« habitant le Mont-Tabor, et principalement Naza-
« reth. Ils furent élargis de suite, avec invitation de re-
« tourner paisiblement dans leurs foyers : en même-
« tems, on leur recommanda de faire connaître à
« leurs compatriotes, les Naplousains, que les Fran-
« çais n'étaient plus leurs ennemis, à moins qu'ils
« ne fussent trouvés en armes et servant d'auxiliaires
« au Pacha. Ensuite l'armée continua sa marche vers
« Jaffa. Gaza se trouvait sur la route.—Cette ville,
« au premier aspect, paraissait très-forte, et
« la garnison était considérable. La place fut
« sommée de se rendre : mais à peine l'officier parle-
« mentaire, porteur du drapeau blanc, eut dépassé
« les murailles, qu'on lui coupa la tête, qui fut aussi-
« tôt placée sur un pieu, et exposée insolemment aux
« regards de l'armée française. A cet aspect
« horrible et inattendu, l'indignation des soldats ne
« connut plus de bornes : ils devinrent furieux, et
« demandèrent avec l'impatience la plus vive, de
« monter à l'assaut ; dans de telles circonstances, je
« n'hésitai pas à l'ordonner. L'attaque fut ter-

" rible ; et je n'ai jamais vu de lutte plus sanglante.
" Enfin nous prîmes la place ; et il fallut employer
" tous mes efforts et toute mon autorité pour arrête:
" la rage des soldats.   J'y parvins néanmoins, et l:
" nuit mit fin au massacre.   Le lendemain au lever
" du soleil, il me fut fait rapport que 500 hommes
" pour la plupart Naplousains, qui avaient der-
" nièrement fait partie de la garnison d'El Arish, èt
" que j'avais laissés aller quelques jours auparavant,
" à condition qu'ils retourneraient chez eux, avaient
" été trouvés et reconnus parmi les prisonniers.
" Quand je fus certain de l'exactitude de ce rapport,
" je donnai de suite l'ordre de fusiller ces cinq cens
" hommes."

Dans tout le cours de cette conversation, il parut
avoir extrêmement à cœur de me convaincre de la vérité
de toutes les parties de sa narration, et il s'interrompit
continuellement en me demandant si je le comprenais bien.   Il montra, cependant, beaucoup de
patience à l'égard des observations par lesquelles
j'exprimais les doutes que je conservais touchant
divers points du sujet que nous traitions, ou lorsque je
lui communiquais sans détour les rapports défavorables qui avaient circulé à son sujet en Angleterre.
Quand je paraissais embarrassé pour trouver une
réponse, il me laissait le tems de réfléchir : et je ne pus

m'en prendre qu'à moi de n'avoir pas une connaissance plus exacte des évènemens de la période qui
faisait le sujet de notre entretien, ce qui lui aurait
donné lieu d'entrer dans les développemens les plus
étendus.

Il en revint alors à sir Robert Wilson, et me demanda si je le connaissais sous le rapport militaire, si
je savais quel avait été le but de ses écrits, et s'ils
avaient ajouté à sa fortune. Je repliquai, que je n'avais
aucune notion suffisante sur ce point ; mais que j'avais
lieu de supposer, par la nature du service qui lui avait
été confié, qu'il devait occuper une place distinguée
dans l'opinion de ceux qui l'avaient employé, et que
j'avais entendu dire aussi que ses ouvrages lui avaient
fait infiniment d'honneur, tant comme écrivain que
comme soldat. "Pouvez vous me dire", continua-t-il,
" quel fut le motif qui porta cet officier à effectuer l'é-
vasion de La Valette, l'ami zélé et avoué de l'homme
qu'il avait si cruellement calomnié ?" J'étais, comme
vous pouvez l'imaginer, très-embarrassé sur ce que je
devais supposer à cet égard ; mais il me donna le
tems d'y songer ; et je répondis, "que je n'avais pas
" de doute que ces motifs ne fussent de nature à
" faire honneur à son caractère, quelqu'indiscrétion
" qu'on eût pu lui reprocher ; que peut-être il avait
" été entraîné par cet enthousiasme romanesque qui

« se plaît à braver le péril : mais que l'on n'a-
« vait jamais supposé qu'il pût avoir été influencé par
« des motifs sordides ou des offres pécuniaires ; que
« cette idée ne s'était même présentée à l'esprit de
« personne quand l'affaire était devenue le sujet de
« la curiosité et de l'attention universelles ; qu'il
« n'existait, selon mon opinion, personne en Angle-
« terre qui l'eût accueilli, lui ou ses compagnons, avec
« moins d'estime, pour la part qu'ils avaient prise à cet-
« te affaire mystérieuse." Voici quelle fut sa réponse :
« —Je crois tout ce que vous venez de dire; mais en même-tems vous pouvez être assuré que si l'argent eût été
le but de l'entreprise, il ne manquait pas à La Valette.
—Je vous prie aussi de peser mûrement mon opinion,
qui est décidée sur ce point ; c'est que cette action de
sir Robert Wilson, qui a sauvé la vie à La Valette, est
une espèce de rétractation de ce qu'il avait écrit contre moi.* "

Une circonstance qui peut-être, en elle-même, ne
vaut pas la peine d'être mentionnée, mais qui me

---

* La Valette, à ce que je crois, était un des grands favoris de l'Empereur, et je sais de science certaine, que toute la suite de ce dernier
exprima la plus vive joie à la nouvelle de son évasion. Je me rappelle
avoir entendu dire au général Bertrand, que pendant tout le tems que
La Valette dirigea la poste-aux-lettres, il n'y eut pas un seul exemple de rigueur inutile, ni une seule circonstance où le repos d'une famille fut troublé.

paraît singulière, c'est que nous avions dans ce moment le fils de sir Robert Wilson, comme aspirant, à bord du *Northumberland*.

Ma curiosité devint alors de plus en plus forte, et je résolus de voir si je pourrais engager Napoléon à me satisfaire à l'égard des particularités d'une conversation qui eut lieu entre lui et Mr. Fox relativement à la machine infernale, et que j'ai entendu raconter par l'honorable Mr. Bennett, dans son passage avec Lord W. Stuart, sur *la Lavinie*, allant de Lisbonne en Angleterre, dans l'année 1807.

Je commençai par observer qu'il avait été publié en Angleterre des détails auxquels on avait généralement ajouté foi, touchant une conversation entre lui et Mr. Fox à Saint-Cloud : qu'elle m'avait paru très-intéressante ; et que l'ayant entendu raconter par un gentil-homme d'un haut rang, très-instruit, et respectable sous tous les rapports, je n'avais jamais eu le moindre doute sur l'exactitude du fond de cette anecdote. Napoléon, d'une manière très-aimable, me dit : " répétez-la, je chercherai à me la rappeller." Alors je continuai en ces termes. " Voici, général, comme on a raconté la chose. Un soir allant au spectacle, vous courûtes risque de la vie par l'explosion d'une machine à laquelle on a donné le titre *d'infernale*. Cet instrument de destruction était placé, dit-on, dans une rue étroite par laquelle vous deviez passer. On ajoute que la témérité de votre cocher vous sauva la vie: car trouvant sur son passage un chariot qui embarrassait la rue de telle manière qu'il aurait présenté une difficulté insurmontable à un conducteur moins timide, il fouetta ses chevaux; la roue de votre voiture ayant froissé la machine, la renversa avec beaucoup de violence, et à peine aviez-vous passé, que l'explosion eut lieu." "Cela, repliqua-t-il, est vrai: on vous a bien informé."—"Et on a dit aussi, repris-je, que vous allâtes au théâtre, et que vous assistâtes à la représentation comme si rien n'était arrivé." Il inclina alors la tête en signe d'affirmation. "Enfin on a dit encore, que dans une conversation que vous eûtes à ce sujet avec Mr. Fox, à Saint-Cloud, vous aviez accusé les Anglais d'avoir inventé cette machine pour votre destruction."—"Cela est positif, repliqua-t-il, en effet je l'ai dit."—"Et que vous aviez surtout désigné Mr. Windham."—"Oui, Mr. *Vandam*."—"On rapportait en outre, général, que Mr. Fox avait soutenu que ce n'était pas là une invention anglaise, l'assassinat étant un genre de crime tout-à-fait contraire au caractère national. Il défendit particulièrement Mr. Windham, qu'il disait connaître, malgré la différence de leurs opinions politiques, pour un homme d'honneur, et incapable, comme

ministre britannique, de participer à une action si in-
digne." Napoléon se rappella cette conversation, et
avoua qu'il avait accusé Mr. Windham. Je hasardai
alors de lui demander s'il persistait dans cette opinion.—" Oui, dit-il, les ministres anglais étaient entrés
dans ce complot. Ils ont prodigué leur argent dans cette
entreprise, et pour d'autres desseins non moins extraordinaires." Ceci fit un peu bouillonner le sang dans mes
veines anglaises, et voici quelle fut littéralement ma réponse : " Ma nation déteste un assassin plus encore
qu'un lâche ; car l'assassinat est la plus odieuse des lâ-
chetés ; et je ne crois pas qu'il existe un cœur britannique
qui ne se révolte à cette idée, et ne souscrive, avec l'entière confiance de l'honneur et de la vertu, à l'opinion
de Mr. Fox." Il ne répondit rien, mais je m'apperçus
qu'il n'était pas convaincu : et il conserve encore sa
première opinion quant à l'invention de la machine
infernale.—Ici j'interrompis l'entretien, et je m'approchai de la cheminée pour examiner un petit buste
en marbre, qui me paraissait un chef-d'œuvre de
sculpture. Quand il vit que je le regardais, il s'écria :
" c'est mon fils." En effet, la ressemblance est si
frappante, qu'on peut l'appercevoir au premier coup
d'œil. D'un côté est une miniature représentant
aussi le jeune Napoléon, et de l'autre le portrait su-
périeurement peint de sa mère, Marie-Louise.

Il se plaignit en ce moment d'une douleur dans l'orteil du pied droit ; il me décrivit la sensation qu'il éprouvoit, et me demanda si c'était la goutte. Je désirai savoir s'il avait lieu de croire cette maladie héréditaire dans sa famille.—" Non," repliqua-t-il, " aucun de mes parents n'a eu la goutte ;" puis après y avoir réfléchi, il ajouta, " que son oncle, le cardinal Fesch, en avait été très-affecté." J'observai, que quand même la maladie était connue pour être héréditaire dans les familles, de l'exercice et un bon régime, pendant les premières années, en retardaient souvent les approches, et adoucissoient le mal, quand en ne pouvoit le prévenir; observant de plus, qu'attendu la vie active qu'il menait auparavant, il ne paraissait pas qu'il eût pris assez d'exercice depuis quelque tems pour se conserver dans un bon état de santé. Il repliqua : " Mes promenades à cheval sont, en effet, trop peu étendues ; mais il m'est si désagréable d'être accompagné d'un officier, que je préfère courir quelque risque en les abrégeant. Cependant, je ne ressens pas d'inconvéniens de ce manque d'exercice. L'homme peut s'accoutumer aux privations. A une certaine époque de ma vie, j'ai passé tous les jours plusieurs heures à cheval, pendant l'espace de six ans ; et à une autre période, je suis resté dix-huit mois sans sortir de la maison."

Il en revint alors au désagrément d'être surveillé par un officier. " Vous connaissez, dit-il, la topographie de Sainte-Hélène, et vous devez convenir qu'une sentinelle placée sur l'une de ces montagnes peut me suivre des yeux, du moment où je quitte cette maison, jusqu'à celui où j'y rentre. Si un officier ou un soldat placé sur cette hauteur ne paroît pas suffisant à votre gouverneur, pourquoi ne pas y mettre dix, vingt, ou une compagnie de dragons ? Qu'ils ne me perdent pas de vue, mais qu'on me délivre seulement de la surveillance de cet officier toujours collé à mes côtés." Croyez, mon cher ami, que je ne me plains pas des peines que cette lettre m'a coûtées, pourvû que je puisse être fidèle dans mes souvenirs, et exact dans mes récits. Je sais d'avance le plaisir qu'elle vous procurera, et cette pensée me dédommage assez. Les circonstances futures décideront seules si vous recevrez une autre lettre de Sainte-Hélène.

&c. &c. &c.

W. W.

SAINTE-HELENE.

MON CHER AMI,

L'arrivée dans cette isle d'une flotte, venant des Indes orientales, qui me procurera les moyens de vous faire parvenir ma dernière lettre, m'a déjà mis à portée d'en commencer une autre. Cette circonstance a rempli la petite ville de passagers, qui étaient tous, comme à l'ordinaire, curieux de voir Buonaparte. La comtesse de Loudon a été du nombre des débarqués ; et, pendant son séjour à Sainte-Hélène, elle a logé à *Plantation-House*, résidence du gouverneur. En l'honneur de cette dame, Sir Hudson Lowe a donné le jour suivant un dîné d'apparat ; et il a en même tems adressé au général Bertrand, pour le général Buonaparte, une invitation si conforme aux règles de la politesse et de l'étiquette, qu'il avoit lieu de s'attendre qu'elle serait bien accueillie. Il se trouva, cependant, que c'étoit la première invitation que l'empereur en eût reçu ; et on fit la remarque, que cette démarche provenoit plutôt du désir de satisfaire la comtesse, que de l'intention de faire une civilité particulière à la personne à qui elle était adressée. Je sais positivement que c'est ainsi que l'on a vu la chose à Longwood. Le comte Bertrand remit à son maître le billet du gouverneur, qui fut lu et rendu sans la moindre observation. " Sire, dit alors le maréchal, quelle est la réponse que je dois rendre de la part de votre majesté ?"—" Dites que l'empereur n'en a point donné."—J'ai passé la plus grande partie de l'après-midi de ce même jour dans la chambre de Napoléon ; et, comme à l'ordinaire, le tems s'est passé à répondre, du mieux qu'il m'a été possible, aux différentes questions qu'il a jugé à propos de m'adresser. Elles ont eu, surtout pour objet la force, l'état et autres circonstances de la flotte qui venait d'arriver; notre commerce avec les Indes ; le nombre des anglais qui passent continuellement des Indes en Europe, et *vice versâ*. Dans le cours de cette conversation, j'ai fait mention, comme par hasard, de l'espérance exprimée par les étrangers récemment arrivés à la ville, d'être gratifiés de sa vue lorsqu'il irait à *Plantation-House* pour dîner avec le gouverneur. Cette petite observation parut être faite fort mal-à-propos, car elle produisit le seul symptôme de brusquerie que j'aie remarqué dans mes différentes communications avec l'ex-empereur; ce qui se manifesta dans son ton, son regard, et son geste, comme dans la précipitation de sa réponse.—" Comment, aller dîner, peut-être avec un peloton de soldats pour m'escorter!"—En peu de minutes, cependant, il reprit son sang-froid accoutumé, et continua l'entretien sur ce sujet en disant :—" Après tout, on n'a pas dû, je pense, s'attendre que j'accepterois l'invitation. La distance est considérable, et l'heure fort avancée ; et j'ai presque renoncé à l'idée de dépasser les bornes qui me sont assignées, accompagné comme je dois l'être par un officier."

La comtesse de Loudon a donc quitté l'isle sans
voir l'ex-Empereur ; on dit qu'elle a exprimé son dé-
plaisir de ce désapointement, et si je puis hasarder
une opinion, (mais rappellez-vous que c'est tout-à-fait
la mienne), je crois que le regret est mutuel.

Il me demanda quelques jours après, si j'avais vu
la comtesse. Je répondis afiirmativement, en ajoutant qu'elle avait honoré le *Northumberland* d'une visite,
et que, comme c'est la coutume à l'égard de tous les étrangers qui viennent à bord, on lui avait montré la cabine
qu'il avait occupée pendant le voyage. J'ai cru
aussi lui faire plaisir en l'informant que les étrangers curieux manquaient rarement de s'asseoir un instant sur sa chaise. " Et la comtesse, dit-il, a-t-elle
fait cet honneur à la chaise ?" Malheureusement je
ne pouvais répondre positivement sur ce point, ne
m'étant pas trouvé alors dans la cabine. Il paraissait,
cependant, se complaire dans l'idée du prix que l'on
semblait mettre à s'asseoir sur sa chaise, et il continua
ses questions. " Croyez-vous, dit-il, que l'on eût
été choqué en Angleterre, si la comtesse de Loudon
avait fait une visite à Longwood ? Aurait-on trouvé
la moindre inconvenance à ce que cette dame, dans la
société de madame Bertrand, fût venue me voir dans
ce jardin ! Plusieurs dames, qui retournaient en Angleterre, m'ont été présentées de cette manière.

Si la comtesse de Loudon s'était dite fatiguée du voyage, ou indisposée par quelque autre cause, je me serais rendu chez elle avec plaisir."—Je ne pus que répondre, que j'étais le compatriote de cette dame, et que si, par hasard, j'étais assez heureux pour en trouver l'occasion, je ne manquerais pas de l'informer de cette intention polie à son égard."

Il dirigea aussitôt la conversation sur un sujet si différent de ce que je devais naturellement attendre, que je laisserais à votre sagacité un champ libre pour le reste de votre vie, sans craindre que vous parvinssiez à deviner juste. Il employa, comme à l'ordinaire, la forme de l'interrogation, et votre impatience sera tout-à-l'heure satisfaite.

" Etes-vous physionomiste, s'écria-t-il ? "—" Pas en théoriel."—"Avez-vous lu Lavater ? "—"J'ai lu simplement quelques extraits de ses ouvrages."--"Pouvez-vous juger des talents d'un homme par les traits de son visage ? "—"Tout ce que je puis dire, général, c'est que je sais parfaitement quand une figure me plaît ou non."—"Ah oui, repliqua-t-il aussitôt, c'est précisément cela. Avez - vous remarqué la physionomie de sir Hudson Lowe ?"—"Oui."—"Et que vous semble-t'elle promettre ?—"A parler franchement, j'aime mieux celle de sa femme."—Il se mit à rire, et je songeais comment je pourrais détourner cet entretien, qui s'annonçait assez mal ; mais il ne m'en donna pas le tems, et continua à établir un parallèle entre son gardien actuel, et celui qui l'avait précédé ; il paraissait être dans une veine de plaisanterie, qui lui fournissait une succession si rapide d'idées et de saillies, que j'avais infiniment de peine à le suivre et à comprendre les expressions dont il se servait.

Je me suis trouvé par hasard à Longwood, quand Mr. Raffles, l'ex-gouverneur de Java, et sa suite, ont obtenu la permission de visiter la ferme. Ce gentil - homme éprouvait une extrême impatience de voir Buonaparte : sa curiosité était une véritable rage, et on a tout fait pour la satisfaire. Enfin, quoiqu'on eût pu prétexter une indisposition, une heure fut désignée par *l'ex-empereur* pour la réception de *l'ex-gouverneur* ; et ce dernier manquait de termes pour exprimer la satisfaction que lui causait la manière dont il avait été reçu.

Peu de tems après que Mr. Raffles eut pris congé, je reçus de Napoléon l'invitation d'aller le joindre au jardin. A mon arrivée, je le trouvai environné de toute sa suite, Mesdames et Messieurs, avec la voiture prête, les chevaux sellés, et sur le point de partir. Mon apparition, cependant, dérangea leur projet : car, au lieu d'entrer dans la voiture, le principal personnage tourna la tête vers moi comme pour m'adresser la parole. Je saluai en ôtant mon chapeau, que je remis aussitôt, pendant que les maréchaux, généraux et comtes restèrent découverts. Cette circonstance me fut fort indifférente ; quoique ma galanterie fût un peu embarrassée à cause des dames, dont un zéphir très-indiscret soulevait assez brusquement les jupes. —"Connaissez-vous, me dit-il, ce gouverneur?"—"Je l'ai vu aujourd'hui pour la première fois."—"Savez-vous quelque chose relativement à l'isle dont il arrive?"—"Tout ce que j'en connais est d'après le rapport d'autrui."---"Les Hollandais l'ont représentée comme un climat très-mal-sain; mais je crois qu'on en a maintenant une opinion plus favorable."—"Je le crois aussi : au moins ne l'avons-nous pas trouvé si mauvais que nous avions lieu de le penser d'après ce qu'on en avait dit."—"Avez-vous traité quelqu'un de la peste?"--"Jamais."—"Connaissez-vous cette maladie ? "— " Seulement par mes lectures."—"L'armée d'Egypte en a beaucoup souffert, et j'eus une extrême difficulté à soutenir le courage de plusieurs de ceux qui y avaient échappé. Cependant j'ai réussi pendant deux ans à tenir mes soldats dans l'ignorance de ce que je connaissais moi-même. La maladie ne peut être communiquée que par l'organe de la respiration."—Je repliquai, " que j'avais entendu dire que

l'attouchement pouvait la donner."—"Non, dit-il,
je visitais continuellement l'hôpital, et je touchais les
malades pour encourager les infirmiers, en leur faisant voir que la maladie ne pouvait être communiquée que par les poumons. En même-tems, j'ai toujours eu la précaution de ne faire ces visites qu'a-
près avoir pris un bon repas et quelques verres de
vin, et de me placer à côté de la personne infectée, dans
la direction du courant d'air."—Nous avions causé
au moins vingt minutes, toute la suite demeurant toujours dans son humble posture, quand je crus devoir
faire mine de me retirer ; mais pendant quelque tems,
il ne voulut pas s'en appercevoir. A la fin il me salua
légèrement, et conduisit Madame Bertrand à la
voiture: il monta après elle, et je demeurai pour les voir
partir. Toutefois, ayant remarqué qu'il y avait une
place vacante dans la voiture, il m'appella pour venir
faire une promenade avec eux. J'acceptai de suite
l'invitation ; et je déclare que dans une société vil-
lageoise réunie dans une charrette pour aller à quelque
foire en Irlande, il n'aurait pas régné plus de gaîté,
d'aisance et d'affabilité.

Les chevaux allaient grand train, et il en était de
même des plaisanteries de Napoléon. Il commence à
parler anglais ; et ayant passé son bras à l'entour du
cou de Madame Bertrand, il s'écria, en s'adressant

à moi,“ C'est ma maîtresse !”—pendant que la dame tâchait de se débarrasser, et que le comte son mari éclatait de rire. Il me demanda alors s'il s'était trompé dans le choix de l'expression, et quand je lui eus fait connoître quelle était en anglais l'acception du mot,* il s'écria “ oh, non, non—je veux dire, mon amie, mon amour ;—non, pas mon amour ; mon amie, mon amie.” Le fait est que Madame Bertrand ayant été indisposée pendant plusieurs jours, il désirait lui rendre un peu de gaîté, aussi-bien que de donner à la conversation un ton d'aisance et de liberté. Enfin, pour me servir d'une locution bien connue, il était l'ame de la société.

Les détours et sinuosités qu'exige, à Longwood, la nature du terrain, peuvent s'étendre de cinq à six milles. Au beau milieu de la promenade, avec une expression de physionomie moitié comique, moitié sérieuse, il m'adressa cette question très-inattendue : “ Dans le cours de votre pratique, et sur votre conscience, combien de malades avez-vous tué ?” Il n'aurait pas été étonnant que j'eusse l'air un peu

----

* Le mot anglais MISTRESS ne s'employe que relativement à l'état, de domesticité, et n'est point, comme en français le mot MAITRESSE, synonyme D'AMANTE.

surpris ; mais je répondis, avec un grand calme, " ma
conscience ne me reproche pas d'avoir causé la mort
d'un seul." Il se mit à rire, et continua en ces
termes : " J'imagine que les médecins peuvent se
tromper sur la nature des maladies ; qu'ils peuvent,
dans quelques circonstances, en faire trop, et dans
d'autres pas assez. Après avoir traité une maladie dont
l'issue avoit été fatale, n'avez-vous pas quelquefois
réfléchi sur le passé ? et ne vous êtes-vous pas dit :
Eh bien, pourtant, si je ne l'avais pas saigné, ou
vice versa, si je l'avais saigné, cet homme se serait
rétabli ;—ou bien , s'il n'avait pas du tout consulté de médecin, il serait peut-être encore en vie."
Je ne fis aucune réponse, et il continua ses questions :

" Quels sont les meilleurs chirurgiens, selon vous,
les français ou les anglais ?"—" Les anglais, sans
aucun doute."— " Mais pourquoi ?"— " Parceque
nos collèges sont meilleurs. Il y a un systême mieux
suivi dans notre éducation, et l'examen que doit subir
un candidat est de nature à donner la pleine certitude
qu'il est propre à la profession à laquelle il se des-
tine, avant qu'il n'y soit légalement admis."—" Mais
en fait de pratique, ne m'accorderez-vous pas que les
chirurgiens français ont l'avantage sur vous ?"—
" En pratique, général, les français sont empiriques,

quoiqu'ils ne vendent pas de drogues comme nos charlatans d'Angleterre. Ils sont, en effet, guidés par l'expérience plus que par la théorie. Mais graces à vous, mes confrères attachés à l'armée anglaise ont acquis une grande habitude d'opérer sur le champ de bataille." Napoléon sourit de ma réponse, et m'adressa de suite une question à laquelle je ne m'attendais pas, quoiqu'elle ne fût pas tout-à-fait étrangère au sujet. C'était celle-ci : " Quel est le premier médecin de Londres ?"—" C'est une question imprévue, et je ne peux prendre sur moi d'y répondre : il y a dans cette capitale tant de médecins distingués, qu'il serait impossible d'en citer un de préférence." " Mais enfin, n'en avez-vous pas un qui se fasse spécialement remarquer dans la profession ?" —" Non, en vérité ; il y a, en effet, des médecins à la mode, qui ont la vogue pour une saison ou deux, ou même trois ; mais je ne peux donner la préférence à aucun, sans faire une injustice à cinquante. Il me seroit, je crois, plus facile de distinguer particulièrement des chirurgiens éminents."—" Quel est l'honoraire d'usage ?"— " Cela dépend ordinairement du rang et de la fortune du malade."—" Quel est le taux le plus élevé que vous ayez jamais connu ?" " Je ne saurais vraiment faire une réponse exacte à cette question ; je ne me rappelle pas précisement ce qu'on donne. On peut amasser de jolies fortunes

par la pratique en peu d'années ; mais ce n'est le sort
que de très-peu d'individus, auxquels des circonstances particulières, et des protections distinguées,
aussi-bien que leur habileté réelle dans la profession,
ont acquis une grande célébrité."—" Quand Corvisart
accoucha ma femme, l'impératrice Marie-Louise,
aussitôt la naissance de mon fils, je lui donnai trois
mille napoléons. J'avois désiré, dans une certaine circonstance, que l'impératrice fût saignée, selon votre
système, mais Corvisart s'y refusa : elle était d'une
constitution sanguine. On vous employe actuellement
beaucoup à terre, n'est-il pas vrai, ainsi qu'à bord des
vaisseaux ?" "Ceux de mes amis qui sont malades me
font quelquefois prier de venir les visiter."—" Vous
payent-ils bien ?"—" Je n'ai pas encore accepté un seul
honoraire. Tant que je suis au service, je me contente de ma solde." " Votre roi, que vous accorde-
t-il ?" " Deux cent vingt livres sterling par an."—
" Vous avez passé toute votre vie sur mer, n'est-ce
pas ?"—" Oui, pendant près de vingt ans."—" Votre
roi a-t-il soin de vous après ?"—" Oui, Monsieur. A
l'expiration de six ans de service, il m'accorde, lors
que je ne suis plus employé, *six shillings* par jour :
mais cette somme n'est augmentée pour aucun service subséquent, jusqu'à ce que j'aie trente ans
accomplis de service."—" Ce n'est pas là, selon moi,
une récompense équivalente au service." —" Je le

crois aussi, général : cependant, je n'ai aucun motif de me plaindre, parce que j'ai connu les conditions avant de m'engager, et en Angleterre, nous ne sommes jamais obligés de servir contre notre inclination.,, — " La vie n'est-elle pas très-coûteuse à Sainte-Hélène ?"—." Extrêmement ; un étranger ne peut être nourri et logé pour moins de trente shillings par jour."—"Comment faites-vous donc ?"—"A présent, je reçois l'hospitalité d'un ami obligeant et généreux ; et de tems en tems je mange à bord du *Northumberland*."Il continua ses questions, et moi mes réponses, comme vous allez voir. " L'armée doit être une charge considérable pour votre gouvernement, n'est-ce pas ?"—"Pas audelà, je pense, de ce qu'il peut supporter : néanmoins je crois cet entretien plus onéreux que celui de la marine." "Mais pourquoi ?" " Les dépenses de l'armée de terre sont quelquefois nécessairement augmentées par la nature des localités." " Et pourquoi pas celles de la marine ?" " Cette dernière occupe simplement des stations, au lieu que la première est plus ou moins permanente." " L'Angleterre n'est-elle pas plus attachée à sa marine qu'à son armée de terre ?" "La marine est certainement considérée comme sa défense la plus naturelle, la plus essentielle, et la plus effective : cependant l'armée joue quelquefois un très-grand rôle, et jouit d'une égale faveur quand elle se couronne de

lauriers, ce qui lui arrive souvent ; une bataille telle
que celle de Waterloo ne saurait exciter trop
de reconnoissance dans les cœurs des Anglais." Cette
observation ne parut nullement le choquer.   Il ne fit
aucune réponse ; mais il changea de sujet.

" Où, dit-il, avez-vous fait vos études ?"—Je répondis " à Edimbourg."—" Je sais que vous y avez
" des professeurs très-savans ; je me rappelle que le
" système du docteur Brown était en grande réputa-
" tion pendant ma première campagne d'Italie.   J'ai
" lu des articles relatifs à d'autres hommes très-esti-
" més chez vous, et je vous pr ie de vouloir bien me
" rappeller leurs noms." Je fis alors mention de Black
pour la *chimie*; de Monro pour *l'anatomie* et la *chirurgie*, et
de Gregory pour la médecine; mais en même-tems j'observai que tout en désignant ces hommes distingués
dont j'étais l'élève, j'aurais pu en nommer d'autres
d'un mérite égal dans les différents collèges de l'empire britannique.   " Je n'ai jamais connu, reprit
Napoléon, qu'un seul médecin qui fût infaillible dans
les diagnostiques.   Son nom était Dubois.   Il ne se
trompait jamais sur la nature et le siège du mal ;
mais, chose fort étrange, il était toujours incertain
sur ce qu'il devoit prescrire : aussi ne vouloit-il jamais entreprendre le traitement des maladies que son
tact lui faisait reconnoître si distinctement."   J'ob-

servai alors qu'il avait eu un excellent chirurgien avec lui en Egypte, Mr. Larrey.—" Oui, repliqua Napoléon, excellent pour la disposition du service de santé sur un champ de bataille ; mais j'avais avec moi des hommes qui lui étaient fort supérieurs en connoissances."—" Mr. Percy, dis-je alors, qui vint vous joindre le jour de la bataille d'Austerlitz, passait pour un homme extrêmement habile."—" Ah, s'écria-t-il d'un air sombre, comment le savez vous ?" —"Je dois l'avoir lu dans l'ouvrage de Larrey, ou en avoir entendu parler par le général Bertrand." Il continua :

" J'avais l'intention de répartir en trois classes tous ceux qui en France exerçoient l'art de guérir. J'ai toujours honoré cette profession ; c'est une science, et même quelque chose de plus ; car elle exige la réunion de plusieurs connoissances, telles que la chymie, l'anatomie, la botanique et la physique. J'aurais placé dans la première classe les hommes les plus éminens dans la profession."—" Mais, général, comment les auriez-vous reconnus ?"—" A leur réputation, à leur fortune, et à la figure qu'ils auroient faite dans le monde."—" Mais ce plan n'aurait-il pas été sujet à de grands inconvéniens ? Bien des hommes de mérite vivent dans l'obscurité."—" Dans ce cas, qu'ils y restent, repliqua-t-il ; ils ne sont bons qu'à cela. Si j'avais à choisir un chirurgien sur votre flotte, je le prendrais à bord du *Northumberland,* plutôt que sur un brick."—" Eh bien, général, en céla vous pourriez encore vous tromper." — " Non, non, non; l'homme qui a du talent le manifeste, dans quelque rang, dans quelque situation qu'il se trouve placé. Soyez-en sûr; je pouvois compter sur une réussite générale, en suivant mon plan. Les professeurs du premier rang auroient été décorés de quelque marque honorifique, outre cette considération qn'une éducation très-soignée ne manque jamais d'assurer. La 3e. classe auroit été composée de fort minces personnages, auxquels il n'auroit été permis d'administrer que les drogues les plus simples."—" Je présume, Monsieur, repris-je, qu'après avoir établi cette répartition, vous auriez, comme c'est l'usage en Angleterre, soumis à un examen les candidats qui se seroient présentés dorénavant." — " Mais oui, repliqua-t-il, cela me paroît très-convenable." Puis il continua en ces termes :

" Un médecin, selon moi, ressemble beaucoup à un officier-général. Il doit être observateur, doué d'un grand discernement et d'un regard pénétrant. Avec de telles qualités, il saura reconnoître la force de la position de l'ennemi. Le docteur Dubois pouvoit aller jusques-là, et pas plus loin. Un praticien qui a vraiment de la sagacité n'employera

qu'autant de force qu'il en faut pour chasser l'ennemi ; car une attaque plus impétueuse pourrait endom-
mager le corps de la place. Par exemple, il me
semble qu'en poussant un peu trop loin l'usage de
votre mercure, vous pouvez faire beaucoup de mal :
j'en dis autant de la pratique de Sangrado." Là-dessus je lui exprimai ma surprise de la bonne santé
dont il avait constamment joui pendant les vicissitu-
des singulières de sa vie."—" Oui, répondit-il, je me
suis toujours fort bien porté. Lorsque l'armée d'Italie campait dans les environs d'un marais, plusieurs
militaires furent attaqués de la fièvre, dont je ne res-
sentis aucune atteinte, attendu que j'étais extrêmement
tempérant, et que j'avais établi un juste équilibre entre mon appétit et les organes de la digestion. J'avais,
en même-tems, soin de donner un exercice suffisant
au corps et à l'esprit."—" Le bruit a couru cependant
que vous aviez été très-malade à votre retour d'Égyp-
te."—" En effet, j'étais fort maigre, et attaqué d'une
mauvaise toux. Je fus redevable de ma guérison au docteur Corvisart, qui m'appliqua successivement deux vésicatoires sur la poitrine."—' On a
parlé aussi d'une éruption cutanée, que vous deviez
avoir à cette époque. Votre ami Goldsmith en fait
mention."—" Il a raison, repliqua Napoléon, et je
vais vous dire ce qui en est." Jamais je n'oublierai
la manière plaisante dont il raconta cette anecdote.

"Au siège de Toulon, je commandais une petite batterie de deux pièces. Une de vos chaloupes s'étant avancée près du rivage, fit une décharge qui tua deux canonniers à côté de moi. Je ramassai l'écouvillon qui venait de tomber de la main d'un de ces artilleurs. Quelques jours après, je m'apperçus que j'avais une gale invétérée. J'eus recours aux bains, qui réussirent pour cette fois. Mais cinq ans après, le mal reparut avec un redoublement de violence ; apparemment, durant cet intervalle, il avait pénétré dans la masse du sang : néanmoins, je fus bientôt guéri, et depuis cette époque je n'ai plus éprouvé aucun ressentiment de la maladie."

Je m'apperçois, mon cher—, que je devrai porter cette lettre moi-même : mais je sais qu'elle n'en sera pas moins bien venue pour cela. Je continuerai donc dorénavant ma narration sans l'interrompre jusqu'à la fin.

Le 19 juin, on a découvert le *Newcastle* et *l'Oronte* des hauteurs de Sainte-Hélène. Il serait difficile d'exprimer le plaisir que j'ai éprouvé en apprenant cette nouvelle.

J'ai alors dirigé mes pas vers Longwood, où je suis arrivé vers les dix heures du matin; et à peine y futon informé de mon arrivée, que Napoléon me fit inviter à venir déjeûner avec lui au jardin. En me voyant paraître, il dit : " Vous venez prendre congé de nous."—" Oui, général, je suis venu dans cette intention."—"Vous allez donc déjeûner, reprit-il en indiquant du doigt une chaise, que m'avança sur-le-champ le domestique de service. Alors commença l'entretien suivant.

"Avez-vous reçu des lettres de vos amis?"—"Non, Monsieur; les vaisseaux ne peuvent entrer dans la baie avant le soir."—" Connaît-on l'amiral?"—"Oui, c'est Sir Malcolm."—"Vous êtes bien aise de retourner en Angleterre?"—"On ne peut davantage."—"Je n'en suis pas étonné : mais savez-vous quelques nouvelles?,,—" Le dernier bâtiment de charge arrivé d'Angleterre, a apporté quelques ouvrages nouveaux, savoir : le *Quarterly Review*; *Lettres de Paul à sa famille*; et *Buonaparte*, par Boyce.,,—"Les avez-vous lus?,,—"Oui, et avec beaucoup d'intérêt."—"Et qu'est-ce qui vous y a particulièrement intéressé?,,—"C'est qu'il règne dans ces deux derniers ouvrages un ton de candeur et de vérité que l'on rencontre rarement : surtout dans celui de Mr. Boyce, que je voudrais que vous pussiez lire.,,—" Pourquoi donc ne l'avez-vous pas acheté pour moi?"—"Le hasard a fait, général, qu'il ne s'en est trouvé qu'un seul exemplaire dans l'isle, et il a été acheté par un gentilhomme qui se rend en Chine, et qui m'a prié de le lire, afin que je pusse rectifier ce qui s'y trouveroit d'inexact, de manière à le rendre doublement intéressant pour les amis qu'il a dans cette partie du monde."—" Cet ouvrage est-il dans le genre de celui d'Hélène-Maria-Williams?"—" Il est meilleur, et surtout beaucoup plus authentique."—" Quelle en est la matière?"—" Il roule sur les motifs qui vous portèrent à quitter l'isle d'Elbe, et sur les évènemens postérieurs, depuis votre débarquement à Cannes jusqu'à votre embarquement sur le *Bellérophon*. Vous y êtes dépeint comme sujet à de violens accès de colère, pendant lesquels vous marchiez à grands pas dans votre appartement, avec d'autres marques d'impatience et d'humeur. Il y a aussi une relation très-pathétique de votre entretien avec le général Solignac, lorsqu'il vint vous trouver de la chambre des députés, pour vous presser d'abdiquer. Cet auteur, ainsi que *Paul*, dont le nom est supposé, donne des détails très-intéressans sur la bataille de Waterloo. Vous sourirez probablement, général, en apprenant que l'on n'a pas oublié votre guide Lacoste. Il est représenté comme ayant eu horriblement peur.,,— " Peur? Et de quoi?"—" Des balles qui lui sifloient aux oreilles. On ajoute que pour l'encourager et le consoler, vous fîtes l'observation qu'il est beaucoup plus honorable de recevoir un coup de feu dans la poitrine qu'entre les épaules. De plus, on prétend qu'il s'est plaint d'avoir été très-mal indemnisé des fatigues et des périls de cette journée : il reçut un napoléon pour toute récompense." — Buonaparte repliqua aussitôt, avec un sourire significatif : "On auroit aussi bien fait de dire cinq cent." Je continuai :

" Mr. Boyce paroît s'être attaché à mettre beaucoup d'exactitude dans sa revue des deux armées." —" Quel nombre donne-t-il à celle de France, demanda l'interlocuteur avec empressement ?"— "D'après un rapport qu'il dit tenir d'un officier, elle devoit être de soixante-dix mille hommes."—" J'en avois soixante et onze ; et quelle étoit la force de l'armée anglaise ?"— " Trente mille hommes de troupes britanniques, y compris la légion Allemande : ce qui, joint aux Belges, Hanovriens, et Brunswickois, faisoit un total de soixante-huit mille hommes."—" Combien Bulow avoit-il de Prussiens sous ses ordres ?"—" Je ne puis pas le dire précisément ; peut-être quinze mille."—"Et le soir, à l'arrivée de Blucher ?"—" En vérité, je ne le sais pas au juste ; mais il y est dit que le duc de Wellington reconnaît qu'il s'estima heureux de voir arriver son vieil ami ; et qu'il n'est personne au monde dont l'aspect lui eût fait ce soir-là autant de plaisir que celui de Blucher."

Depuis que le hasard m'a mis en relation avec Napoléon, je n'ai jamais cessé de désirer vivement de connoître son opinion sur le compte de notre illustre général. On m'avoit souvent dit qu'il évitoit de la manifester ; mais je n'avois aucune preuve positive du fait. Le moment actuel sembloit m'offrir l'occasion que j'avois jusques-là recherchée avec tant d'empressement ; car il paroissoit plus communicatif et plus poli que de coutume, quoique je n'eusse jamais eu lieu de m'en plaindre sous ce double rapport. Je résolus d'entamer la question, à tout hazard, vu que cette occasion pouvoit ne pas se reproduire. " On paroît, lui dis-je, desirer en Angleterre de connaître votre manière de penser quant au caractère militaire du duc de Wellington. On n'y doute point de votre justice ; et peut-être a-t'on droit de s'attendre que ce sentiment produira de votre part un éloge glorieux pour notre général.„ Il se tut. Je commençai à croire que j'avois été un peu trop loin ; car jusques-là, il ne m'étoit pas encore arrivé de lui faire une question sans que mes regards fixés sur lui attendissent sa réponse, qui ne tardoit jamais beaucoup ; mais cette fois j'attendis en vain. C'étoit seulement pour la seconde fois qu'il demeuroit muet à l'une de mes interrogations.

Il ne parut cependant pas être péniblement affecté ; car au bout de quelques minutes, il reprit l'entretien par cette question : " Vous avez parlé d'un *Review*, que contient-il ?"—" Des observations critiques sur les nouveautés littéraires ; et ce numéro en particulier fait mention de trois brochures qui vous concernent, dont l'une est attribuée à un lieutenant du *Belléophon*."—" Et comment a-t'il trouvé de quoi remplir un livre à mon sujet ?"—" Je suis presque confus, général, de vous répéter les extravagances que contiennent ces écrits ; à dire vrai, je suis étonné qu'un journal aussi estimable que celui dont il s'agit puisse condescendre à en parler, et citer des contes si absurdes ; on ne peut expliquer cette condescendance qu'en l'attribuant au désir de satisfaire l'impatience qu'éprouve le public d'être instruit de tout ce qui vous concerne. Parmi d'autres anecdotes controuvées, on y lit des détails sur votre conduite pendant que vous habitiez les *Ronces*. Vous jugeriez aisément de l'esprit inventif de l'historien, lorsque j'ajouterai qu'il vous représente comme vous étant emporté contre une petite fille, parce qu'elle ne connoissait pas le coin des monnoyes françaises. On

x

vous impute également de vous être fâché
contre un de ses fières, pour vous avoir montré la
figure du Grand-Mogol sur l'enveloppe d'un jeu de
cartes. M. de las Cases n'échappe pas non plus à
l'impitoyable historien, qui l'envoye dans un coin jouer
à la *Patience*, jusqu'à ce que les cartes pussent glisser
avec plus de facilité."—" Vos éditeurs," dit Napoléon, " sont extrêmement divertissants ; mais il est
à supposer qu'ils croyent à la vérité de ce qu'ils
écrivent."—" Au moins, Monsieur, je présume qu'ils
se flattent d'amuser ceux qui les lisent. Il vient toutefois de paroître un autre ouvrage, qui, à raison de
son authenticité apparente, a été accueilli avec intérêt. Il est d'un français, Mr. de Pradt." Ici
je fus véritablement pétrifié par un éclat de rire qui
échappa à toutes les personnes présentes. " Oh,
l'Abbé !" s'écria-t-on. Il paroît que ce personnage
avoit été le plus humble des plus rampans adulateurs
de Napoléon : il avoit commencé par occuper un
emploi subalterne dans la police : mais il avoit des
qualités qui ne pouvoient manquer de servir à sa
fortune dans des tems pareils à ceux où nous vivons.
—" C'est, dit Buonaparte, un rusé matois, plein
d'esprit et de gaîté : je le pris avec moi quand
j'allai en Espagne ; comme je voulois y faire la guerre
aux couvens, l'abbé étoit un excellent champion à
opposer aux gens de sa robe. Las Cases vous con-

tera vingt anecdotes, plus divertissantes les unes
que les autres, sur le compte de ce cher abbé. Pour-
riez-vous me dire ce qu'il est devenu?"—" Je n'en
sais rien. Il fait la narration de votre arrivée à Var-
sovie, à votre retour de Russie ; je suis persuadé
qu'elle vous amusera. Il dépeint entr'autres une
grande figure enveloppée de fourrures, entrant dans
l'hôtel, avec l'aspect d'un habitant de l'autre monde.
—" C'étoit Caulincourt."—Il ajoute que vous allâtes
vous cacher à l'hôtel d'Angleterre, où il vous procura
d'excellent vin. Toutefois l'éditeur du *Review*
n'épargne pas l'abbé, qui déclare que la chûte de
l'empire de Russie étoit inévitable, *sans un homme :*—
" et veut-on savoir, continue le journaliste, quel est
cet homme ? Rien autre chose que l'Abbé De Pradt,
qui voudroit faire croire qu'en fripon d'un ordre supérieur, il a su donner le croc-en-jambe à son maître."
Napoléon ne rit pas souvent : mais cette historiette,
ou le seul souvenir de l'abbé, et peut-être le rap-
prochement de ces deux idées, lui causèrent un accès
de gaîté qui dura assez long-tems.

Déployez, mon ami, votre carte de Flandre ;
étendez-la sur votre table, et tâchez de me suivre.
J'ai, ce matin, écouté avec plaisir la narration des
divers mouvemens de l'armée française, depuis le moment où elle passa la Sambre jusqu'à la grande jour-

née de Waterloo. Je m'attendois, comme vous le pensez bien, au détail des circonstances qui sont cause qu'elle a été perdue, ou, ce qui revient au même, qu'elle n'a pas été gagnée. Ma conjecture étoit assez fondée, car Gourgaud commença à m'indiquer les bévues commises par quelques-uns des officiers supérieurs de l'armée française, bévues qui amenèrent un résultat si fâcheux pour leur maître impérial. Il m'a démontré le tout avec une facilité et une clarté qui m'ont fait croire que j'entendois parfaitement la chose. Cependant, je crains à présent que mon récit ne rende pas ces balourdises militaires aussi visibles à vos yeux qu'elles l'ont été aux miens.

Il paroît que Napoléon ignorait totalement le mouvement fait le 16 par le Comte d'Erlon (Drouet). En effet, quand il parut près de Ligny, l'Empereur prit le corps que commandait ce général, pour une division Prussienne, et fit marcher une colonne française pour arrêter sa marche. D'Erlon apprit alors l'échec des Prussiens ; et n'ayant pas jugé nécessaire de conférer avec Napoléon quant aux opérations ultérieures, il reprit sa première position. Il en résulta que la division qu'il commandoit devint entièrement inutile ce jour-là, tant à l'Empereur qu'au maréchal Ney. Suivant Gourgaud, la manœuvre du maréchal Grouchy, qui perdit de vue Blucher, et fit un détour considérable, fut une gaucherie encore plus déplorable.——Le 18, tandis que l'aile droite de l'armée française manœuvroit pour rendre inutile le mouvement que Bulow exécutoit sur ses flancs, et dont elle avoit une parfaite connaissance, le maréchal Ney devoit, d'après ses ordres, détourner l'attention des anglais par une diversion : sans néanmoins sacrifier beaucoup de monde, ni épuiser la force de ses troupes. Il paroit que Ney n'obéit point à cet ordre, ou que les circonstances ne lui permirent point de l'exécuter. Suivant le récit qu'on m'a fait, il s'obstina à vouloir emporter une hauteur, et affaiblit ainsi son corps à tel point, que quand la garde Impériale reçut ordre de charger, il setrouva dans l'impossibilité de la soutenir.—Napoléon avoit passé la Sambre avec 111,000 hommes. Les affaires de Ligny et des Quatre-Bras lui en avoient coûté 10,000. La division détachée, sous les ordres de Grouchy, pour suivre Blucher dans sa retraite, se composoit de 30,000, de sorte qu'il restoit à Napoléon, dans la matinée du 18, un effectif de 71,000. J'espère que vous saisirez ma narration, que je crois conforme au rapport du général Gourgond : quoique je ne connoisse personne de plus sujet à des méprises, qu'un marin qui décrit un combat de terre, et un soldat qui raconte une bataille navale. Dans le cours du récit, on m'assura qu'il n'étoit pas exact que Buonaparte fût monté sur un observatoire d'où il dominoit le champ de bataille. C'étoit simplement un tertre, sur lequel il se plaça avec son état-major: et comme le sol étoit humide et glissant, il y fit mettre quelques bottes de paille, pour avoir les pieds secs et ne pas chanceler.

—Cette visite fut la dernière que je fis à Napoléon. Quand je suis allé prendre congé de lui, il s'est levé, et m'a dit: " Je vous souhaite santé, bonheur, et un prompt retour dans votre patrie, où j'espère que vous trouverez vos amis bien portans, et prêts à vous bien recevoir."

J'ai toujours été traité avec tant d'égards, de cordialité, et même d'affection par Monsieur las Cases, le général Bertrand, et, je puis même le dire, par toutes les personnes de la suite de Buonaparte, que je n'ai pu les quitter sans une vive émotion. Je n'ai jamais vu de famille plus aimable et plus unie que celle du général Bertrand : sa tendresse conjugale et paternelle ne sont pas moins remarquables que sa fidélité envers son maître.

Je termine ici ma narration. Si quelqu' autre particularité se présente à ma mémoire, je la placerai dans un *post-scriptum.* Quant à l'esquisse que vous désirez avoir de Ste. Hélène, ce sera plus tard le sujet de nos entretiens, au coin d'un bon-feu à l'anglaise.

En attendant, et à jamais,

Je suis, &c. &c.

W. W.

NOTES ADDITIONNELLES.

Le Capitaine Piontowski, officier Polonai attaché à la personne de Buonaparte, qui l'avoit accompagné à l'isle d'Elbe, et avoit un commandement dans la petite armée avec laquelle il débarqua en France, faisoit partie de la suite de l'Ex-empereur lorsqu'il arriva sur les côtes d'Angleterre. Toutefois, on ne lui permit pas de le suivre dans son exil. La contrariété qu'il éprouva dans cette occasion fut extrême; et il ne cessa de persévérer dans ses efforts pour rejoindre celui à la fortune duquel il sembloit être attaché par les liens du devoir le plus sacré. Une dame française, à laquelle il avoit été fiancé, vint le trouver à Plymouth, et l'épousa; mais cet évènement ne lui fit pas perdre de vue son objet principal;

et ayant, à force d'instances, obtenu l'autorisation du gouvernement, il s'embarqua pour
Sainte-Hélène dans un bâtiment de transport.
L'arrivée de ce fidel serviteur étoit tout-à-fait inattendue : cependant Napoléon fut sensible à son
attachement, et le reçut avec bonté. Mais ni sa position, ni ses manières ne lui permettoient de figurer
parmi les personnes de la suite, et lui-même étoit
trop modeste pour en avoir l'intention. Les généraux lui assignèrent un appartement ; et Mr.
O'Meara, le chirurgien, croyant qu'on dédaignoit
le nouvel arrivé, lui fit prendre place à sa table,
avec toute la bienveillance et la générosité de son
caráctère. Ce romanesque Polonai avoit en lui
quelque-chose de si simple et de si prévenant, que
l'on fut généralement révolté de l'espèce de hauteur
avec laquelle il étoit traité : et l'indifférence de Napoléon pour une fidélité si touchante, le fit taxer
d'une honteuse ingratitude. Mais il a paru par la
suite que ce soupçon n'étoit pas fondé. Le capitaine
occupait une mansarde pendant la nuit, et s'amusoit
à chasser pendant le jour ; heureux par cela seul
qu'il pouvoit partager le sort de l'objet de son
idolâtrie. Il arriva que dans une de ses excursions,
son fusil partit, et le blessa grièvement à la main
droite. Napoléon, informé de cet accident, témoigna
le désir d'aller le voir pour lui porter des consola-

'tions : mais préalablement, on fit sortir de l'appartement qu'elle occupoit à Longwood une femme-de-
chambre de madame Montholon, et Piontowski fut
transporté dans cette pièce, qui étoit fort logeable.
Le lendemain Napoléon lui fit sa visite, sans savoir
qu'il eût auparavant occupé une autre chambre, et
le dédommagea amplement, par cette marque de
bonté, des souffrances de sa blessure.

Dans un entretien sur les diverses maladies auxquelles notre espèce est sujette, entretien que pré-
féroit toujours Napoléon, lorsqu'il se trouvoit avec
un homme de l'art, nous vînmes à parler de la petite
vérole ; et aussitôt il fit mention de la découverte de
la vaccine, dont il paroissoit avoir une parfaite connoissance, et dont il préconisoit extrêmement les heureux effets.   La conversation ne se termina pas sans
son refrein habituel, savoir une question : et ce fut
la suivante : " Les Anglais ne m'ont-ils pas su bon
gré d'avoir adopté, encouragé, et, si je puis le dire,
consacré la méthode du docteur Jenner ?"

La conduite simple, et exempte de jactance des
personnes de la suite de Napoléon dans nos entrc-
ens sur le tillac du *Northumberland*, ne souffroit à cet

égard d'exception, que quand le général Gourgaud commençoit à nous raconter ses exploits. Je ne veux pas insinuer, au reste, qu'il en ait dit plus qu'il n'en a fait : mais seulement qu'il aimoit à parler de ses campagnes, tandis que ses compagnons se taisoient sur ce sujet. Parmi les témoignages de sa valeur, il aimoit surtout à nous montrer une épée, sur la lame de laquelle étoient gravées ses prouesses, dans une inscription qui attestoit que c'étoit avec cette arme fidelle et glorieuse, qu'il avoit, en Russie, sauvé les jours de Napoléon, sur la tête duquel étoit déjà levé le bras formidable d'un cosaque.

Voici, avec la plus grande exactitude, l'extrait d'une conversation que j'ai eue avec le général Bertrand, et dans laquelle, surtout au commencement, il manifesta une vive émotion. Il reconnut sans déguisement, et déplora en homme sensé l'excès de l'ambition de Buonaparte. " C'étoit, dit-il, un sentiment grand et noble en soi, qui en ne s'écartant pas de son point de vue primitif, et en se renfermant dans sa sphère naturelle, devoit produire un grand bien et une gloire éclatante. Mais de mauvais conseils (et qui peut toujours échapper à leur influence ?) l'entraînèrent à ces excès que l'on a vus si souvent

dépouiller la plus impétueuse des passions, des vertus qui ne devroient jamais cesser de la diriger." Il
paroissoit vouloir ici faire allusion à Maret, duc de
Bassano, comme ayant causé un mal inconcevable,
et ayant fourni un nouvel exemple du pouvoir que
peuvent acquérir sur les grands-hommes des esprits
d'un ordre fort inférieur, pouvoir dont ils abusent,
sinon pour les perdre, au moins pour les déshonorer.

—" Napoléon, continua Bertrand, est réellement
un homme rare et extraordinaire."

—" Cela n'est pas douteux; mais je voudrois voir
en lui un peu plus de l'homme ordinaire. Si je le
voyois caresser des enfans, comme vous faites avec
votre Hortense et votre Henri ; si je le voyois jouer
avec un chien, ou flatter un cheval de la main, j'é-
prouverois pour lui des sentimens tous différens de
ceux qu'il m'inspire aujour d'hui."

—" Croyez-moi, cher docteur, c'est un homme qui
ne ressemble en rien aux autres."

—" Soit : mais encore une fois, je voudrois qu'il
eût quelques-unes de leurs qualités : je voudrois apprendre que l'on voit par fois se manifester en lui des
sentimens tendres et affectueux, tels que ceux d'un
bon père et d'un bon mari."

— " C'est ce que je puis vous certifier. La nature ne lui a pas refusé un cœur, dans le sens que vous y attachez. Mais il ne peut ni ne veut en faire parade. Peut-on attendre d'un tel homme quelque chose de frivole ou de puérile ? or c'est ce que paroîtroit, dans un semblable caractère, l'aimable et gracieuse simplicité de la vie domestique : d'ailleurs les qualités individuelles de l'homme disparoissent en lui, aux yeux de ceux qui ne l'apperçoivent qu'environné de tout l'éclat de sa vie publique."

—" Mais enfin, général Bertrand, tout cet éclat est maintenant éclipsé : et je voudrois, par intérêt pour lui, et pour l'honneur de la nature humaine, que l'on pût distinguer en lui quelque chose qui ressemblât à un sentiment affectueux."

—" Vous pouvez m'en croire, quand je vous assure que quoique vous ayez pu ne point les appercevoir, ils n'en existent pas moins en lui. Par exemple, figurez-vous comment il passoit ses journées aux Tuileries ; je vais vous en donner un échantillon. —A 6 heures du matin, il examinoit une dépêche de St. Petersbourg ; à 7, une de Vienne ; à 8, il alloit visiter un ouvrage d'art ; à 10, il passoit une revue ; à 12, il recevoit quelque Ministre ; à une, il s'occupoit des affaires de l'armée ; à 4, un préfet lui faisoit demander audience ; à 6, souvent il passoit chez l'Impératrice, vis-à-vis de laquelle il se comportoit avec beaucoup d'égards et d'affection, admirant, avec toute la galanterie parisienne, les broderies de sa robe, les fleurs de sa coiffure, ou ses diamans : ensuite il se livroit de nouveau aux soins des affaires publiques, chose à laquelle il étoit toujours disposé : car il étoit étranger à toute espèce de sensualité : tout en lui étoit action.''

Le Comte de Las Cases ajouta :

" Jamais on ne l'entend parler de lui, ni citer ce qu'il a fait. L'argent lui est totalement indifférent ; et de tous ses trésors, on ne lui a entendu regretter que le nœud de diamans qu'il portoit continuellement à sa cravatte, parceque c'étoit un présent de sa sœur, la Princesse Bourgeoise *, à laquelle il est extrêmement attaché.'' Il le perdit à la suite de la bataille de Waterloo.

L'idée m'étoit venue naturellement de tracer l'esquisse de l'état et de la position de nos passagers, au moment où nous jettâmes l'ancre devant Ste.-Hé-

---

* Il est évident qu'il faut Borghèse ; mais monsieur Warden n'y a pas entendu malice.

Jène ; mais ayant égaré ce papier lorsque je vous rendis, dans une de mes lettres précédentes, compte de notre arrivée, je fus obligé de recourir à ma mémoire pour vous en faire le tableau général. Ce croquis m'étant retombé sous la main, je le joins ici comme une peinture plus exacte de la scène, et je pense que vous ne le regarderez pas comme une oiseuse répétition.

La matinée étoit belle, avec un vent froid ; au point du jour, nous étions assez près pour découvrir les pies noiratres de Ste. Hélène. Entre huit et nuef heures, nous nous trouvames au peid du Pain de Sucre. Toute la société française étoit sortie de leur cabane, à l'exception de Napoléon, et chacun avoit pris son poste. A droite, étoit Madame Montholon, le bras passé dans celui du général son mari. Elle paroissoit lui demander des consolations et son regard sembloit lui dire : " Au moins me restez-vous, vous et notre petit Tristran." Sur la poupe étoit Madame Bertrand, et derrière elle le maréchal. J'étois le seul du navire qui n'eût rien à faire dans ce moment, et je pouvois par conséquent contempler le tableau tout à mon aise. Je n'osais m'approcher de Madame Bertrand ; car j'étois assez près d'elle pour distinguer dans les muscles de son gosier une contraction qui trahissoit un sanglot. Las Cases, s'appuyant sur l'épaule de son fils, haussoit tant qu'il pouvoit sa petite personne sur la pointe du pied, pour regarder par-dessus les passavans ; mais tous ses efforts ne pouvoient parvenir à lui faire découvrir plus de moitié de la montagne. Le général Gourgaud essayoit, par un sourire, de cacher ce qu'il éprouvoit ; —il n'avoit point de femme pour le consoler. Les domestiques regardoient de tous leurs yeux, et la bouche béante ; tandis que les enfans, se souciant fort peu s'ils alloient habiter île ou terre-ferme, une prison ou un palais, faisoient leurs petites évolutions comme à l'ordinaire, et le gros chien de Newfoundland enfonçoit de tems en tems leurs carrés. Nous ne vîmes point Napoléon avant que le vaisseau n'eût jetté l'ancre devant la ville. A 11 heures, il parut ; il monta sur la poupe, en regardant avec sa lorgnette la nombreuse artillerie qui réfléchissoit les rayons du soleil. Pendant près d'une demi-heure, je l'observai avec une extrême attention : mais je ne pus découvrir dans ses traits la moindre émotion. Il plaisanta même Madame Bertrand sur l'élégante chaussure qu'elle portoit pour une pareille occasion ; et elle, essayant, mais en vain, de contenir une larme, s'écria : " A dire vrai, docteur W———, nous sommes trop bien pour Ste. Hélène !"

F I N.

www.ingramcontent.com/pod-product-compliance
Lightning Source LLC
LaVergne TN
LVHW050050060726
842524LV00003B/724